MES DÉCOUVERTES DAN

GUIDE NATURE
du jeune explorateur

CHANTECLER

Cette édition par Chantecler, Belgique-France
Auteur : S. Tyberg
Dessins : P. De Becker
Traduction française : M. Deronne

Imprimé en Belgique.

D-MMV-0001-515

Table des matières

Préparation

Observer les animaux

À la découverte des plantes

La main à la pâte

Préparation

Connaître la nature

Seules les escapades dans la nature t'apprendront réellement à la connaître !

Expéditions dans la nature

Une promenade dans la nature n'est pas la même chose qu'une expédition dans la nature. Tu pars avec un but précis dans la tête, par exemple l'étude d'une mare ou d'un étang, des oiseaux, la collecte de feuilles d'arbres... Dans ce guide, tu apprendras une multitude de trucs utiles.

*** La préparation**

En effet, une expédition dans la nature requiert une bonne préparation. Tu dois savoir où tu vas, ce que tu dois emmener, la saison la plus propice à l'observation des animaux et à l'étude des plantes.

*** Observer les animaux**

Ce guide t'aidera à trouver les animaux et à reconnaître leurs traces. Il te décrit aussi le mode de vie de ces animaux et te donne des trucs pour voir l'invisible.

*** Étudier les plantes**

Les plantes se trouvent facilement, mais sais-tu aussi comment elles vivent ? Sais-tu distinguer les plantes comestibles des plantes vénéneuses ? Seule l'étude des plantes dans leur biotope t'apprendra réellement à les connaître.

*** La main à la pâte**

Le temps n'invite pas toujours à sortir. Mais même à la maison, tu peux t'occuper de la nature. Nous t'invitons à lire le dernier chapitre de ce guide.

Où vas-tu ?

Tu peux prévoir une expédition dans la nature dans un certain biotope. Il s'agit d'une région où plantes et animaux forment une communauté.

Voici quelques exemples de biotopes importants : le bois, la bruyère, la mare, la plage…
Tu y trouveras aussi bien des plantes que des animaux, mais pas toujours les mêmes. Il faut donc bien préparer ton expédition.

Si tu as envie d'étudier la vie aquatique d'une mare, tu auras besoin d'une épuisette pour attraper les animaux. Si tu pars dans les champs pour constituer un herbier, une boîte métallique sera utile.

Mini-promenade

Pour étudier un biotope ou une communauté de plantes et d'animaux, il n'est pas nécessaire d'aller très loin. Un grand arbre peut représenter une communauté à lui tout seul, avec des souris qui habitent entre ses racines, des oiseaux qui font leur nid sur sa cime, des chenilles qui mangent ses feuilles, des mousses vertes qui recouvrent son écorce, des champignons à ses pieds…

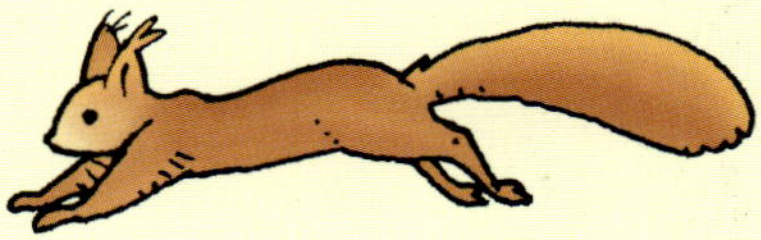

Les 7 règles de la nature

1. Ne pas déranger les animaux.
2. Ne pas déranger les nids et les habitats des autres animaux.
3. Ne pas cueillir des plantes protégées ou en voie de disparition.
4. Ne pas entailler les troncs et ne pas casser les branches.
5. Ne pas laisser de détritus.
6. Rester autant que possible sur les sentiers balisés.
7. Ne pas faire de feu.
   Chaque année, des hectares de forêt partent en fumée.

Passionnantes expéditions

Tu trouveras ici tout ce dont tu as besoin pour une expédition dans la nature.

Avant de prévoir une expédition

Si tu pars sans la moindre connaissance préalable, tu ne verras rien. Si tu ne sais pas que des souris vivent dans un bois, tu ne trouveras jamais leurs petits trous. Si tu penses que rien ne vit dans le sable sur la plage, tu ne découvriras aucun ver de plage. Tu dois donc savoir ce que tu recherches. Tu as plusieurs possibilités :

- lire des livres et magazines sur la nature,
- regarder des documentaires sur la nature,
- participer à une promenade guidée dans la nature.

Cartes d'état-major

Pour ton expédition, emmène une carte d'état-major. Elle contient de nombreuses informations sur la nature. En effet, elle n'indique pas seulement les routes et les cours d'eau. Les symboles constituent aussi des données sur le paysage et la végétation.

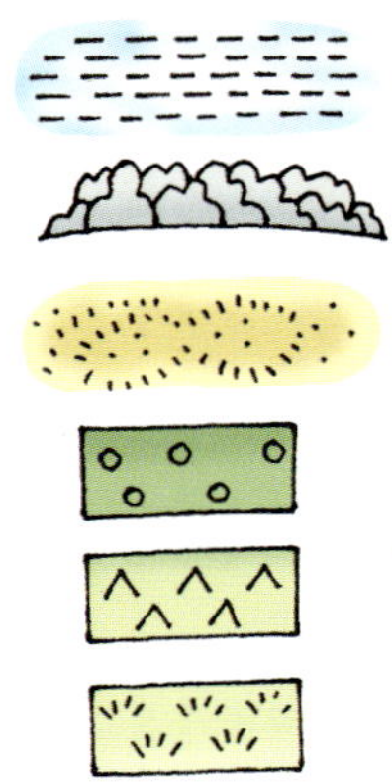

marécage

rochers

dunes

bois d'arbres feuillus

conifères

bruyère

Truc : Prends une photocopie de la partie de la carte dont tu as besoin. Tu pourras ainsi y tracer ta route avec un feutre de couleur.

Une housse de cartes

Fais une housse avec deux feuilles de plastique solides pour protéger ta carte. Colle trois côtés avec du scotch et glisse ta carte dans la housse.

Ta propre carte

Pour de plus petites régions (le parc de la ville ou ton jardin), il est très agréable de faire sa propre carte. Tu n'as pas besoin de tout mesurer. Essaie simplement de respecter les proportions.

Comme pour une vraie carte, tu peux y mettre des symboles pour les choses que tu trouves dans la région : de grands arbres, une haie, un parc à fleurs, un banc.

Une boussole

Les cartes d'état-major ne sont pas mises à jour tous les ans. Dans les régions agricoles, cela risque de poser des problèmes. Les sentiers disparaissent parfois pour laisser la place aux terres cultivées, une prairie peut se transformer en verger…
Si tu ne veux pas te perdre, emmène une boussole. Tu ne perdras jamais le nord !

N'oublie pas non plus…

- un pique-nique pour la route,
- une gourde pleine,
- ce guide,
- des vêtements de rechange (voir à la page 15),
- du matériel d'observation (voir aux pages 16 et 17).

Les quatre saisons

Chaque saison apporte son lot de découvertes et d'activités dans la nature.

PRINTEMPS

Saison idéale pour une visite…

… des étangs et ruisseaux

De nombreux insectes, comme les libellules et les moustiques, passent la majeure partie de leur vie dans l'eau. Tu pourras aussi profiter des concerts de grenouilles.

… des bois de feuillus

Le printemps est propice à l'apparition de véritables tapis de fleurs.

… des taillis et des haies boisées

De nombreux oiseaux construisent leur nid dans les buissons. Cherche une bonne cachette pour les observer.

ÉTÉ

En été, organise une expédition de reconnaissance…

… sur la plage

Il n'y a pas de saison pour chercher des coquillages, mais c'est bien plus agréable sous le soleil.

… le long des champs

Là où l'homme n'a utilisé aucun désherbant, tu trouveras de jolies fleurs des champs.

… au jardin

Tu ne dois pas aller bien loin pour voir des insectes au travail. Les mouches, les abeilles, les coccinelles, les papillons… Regarde-les voler de fleur en fleur.

… de l'étang

C'est la période pour étudier les plantes aquatiques et fluviatiles.

AUTOMNE

Les observateurs de la nature se dirigent maintenant vers…

… la bruyère

À partir du mois d'août, jusqu'au début de l'automne, la bruyère est en fleur. Extraordinaire !

… le parc

Parce qu'on y trouve souvent de nombreuses espèces d'arbres feuillus, le parc constitue le meilleur endroit pour collectionner les feuilles d'automne.

… les bois

Tu trouveras des champignons toute l'année, mais surtout en automne.

À la page 125, tu trouveras une idée pour rassembler tes trésors : le mur naturel.

HIVER

En hiver, la nature vit au ralenti. Cela ne veut pas dire que l'observateur hiberne. En hiver, tu peux…

… chercher les empreintes

Dans la neige, il est très facile de repérer les empreintes des pattes des animaux. Essaie de les suivre pour découvrir où se cachent les animaux.

… dessiner les arbres

Si les arbres sont nus, tu verras bien le tronc et les branches. Tu peux ainsi apprendre à connaître les arbres juste en regardant leur forme ou silhouette.

… ranger tes collections

Profite de l'hiver pour enfin sortir toutes les boîtes et les pots de tes sacs. Tu as le temps de ranger tes découvertes. Peut-être trouveras-tu de quoi faire un cadeau de Noël original…

Un journal de la nature

Si tu veux vraiment apprendre à connaître les plantes et les animaux, tu dois tenir un journal.

Un cahier…

Si tu souhaites uniquement écrire des observations dans ton journal de la nature, nous te conseillons de te servir d'un cahier. N'oublie jamais d'indiquer correctement la date. Afin de pouvoir retrouver quelque chose facilement, nous te conseillons de mettre des titres. À l'aide de couleurs, tu peux indiquer le type de biotope visité tel ou tel jour et les animaux ou plantes observés.

… ou un classeur

Si, dans ton journal, tu souhaites également mettre des photos, des feuilles, des fleurs séchées, des plumes ou autres découvertes, utilise un classeur avec des feuilles volantes, du papier épais, voire du carton. Tu peux également utiliser plusieurs chemises, une par biotope par exemple.

Utilise des symboles

Pour retrouver facilement ce que tu as noté, les symboles sont des outils précieux. Choisis des symboles clairs.

temps ensoleillé 

observation à 2 heures 

mâle ♂

femelle ♀

Vêtements

Important : porte des vêtements dans lesquels tu te sens à l'aise et qui ne te gênent pas dans tes mouvements !

Fais attention à la saison et au biotope

Ce que tu portes dépend de la saison et du biotope que tu souhaites explorer. Tu n'auras pas besoin des mêmes vêtements selon que tu explores la plage en été ou que tu te promènes en forêt en hiver.

- Des vêtements solides et faciles à laver.
- Des couleurs en harmonie avec la nature pour ne pas effrayer les animaux !

- Des longues manches et un pantalon à longues jambes (même en été), si tu ne veux pas être piqué, irrité ou griffé.
- Une veste imperméable que tu peux porter dans un étui autour de la taille.
- De nombreuses poches et des chaussures étanches déjà utilisées.

Un sac à dos

Tout bon explorateur de la nature qui se respecte ne part jamais en expédition sans une multitude d'outils qui l'aideront dans ses recherches. Aux pages suivantes, tu trouveras une description de ces nombreux outils. Une friandise pour faire taire ton estomac sera également la bienvenue. Tout cela devra être mis dans un sac. Pas un sac en plastique, mais plutôt un petit sac à dos, en Nylon léger, qui ne te gênera pas dans tes mouvements.

Regarde à la page 112, tu y trouveras une veste d'explorateur très pratique à faire toi-même !

Que faut-il emporter ?

Un bon explorateur de la nature s'arme de tous les outils possibles…

Des jumelles

Idéales pour l'étude des oiseaux, mais il faut bien connaître leur fonctionnement !

Mode d'emploi

1. Cherche un point d'orientation pour l'animal que tu aperçois au loin, par exemple une branche bien distincte.
2. Porte les jumelles à tes yeux sans perdre de vue ton point d'orientation.
3. Règle la distance.

Du papier et un stylo

À moins d'avoir une excellente mémoire, il est conseillé de prendre un maximum de notes que tu pourras retravailler à la maison. Un petit agenda dans lequel sont inscrites les dates et les heures s'avérera bien pratique. Tu peux aussi utiliser un petit cahier à spirales auquel tu attacheras un stylo.

Une loupe

Une loupe te permettra d'agrandir les petits détails. Il faut éviter de la mettre dans ton sac sans la protéger. En effet, les saletés s'accumulent rapidement sur les lentilles, ce qu'il faut éviter à tout prix.

À la page 120, tu trouveras des astuces pour fabriquer des loupes bien pratiques.

Sacs, boîtes et petits pots

Si, lors de tes expéditions, tu souhaites ramasser un maximum de choses, tu ne pourras pas te passer de récipients. Rassembles-en donc un maximum de tous les formats. Le plastique n'est pas un matériau écologique, mais il est bien pratique pour les collectionneurs.

Ce guide

Ce guide décrit de nombreux animaux et plantes.

Un appareil photo

Indispensable si tu ne peux pas ramener tes découvertes à la maison. Tu prends ainsi des photos de paysages, d'animaux ou de plantes rares que tu ne peux pas cueillir.

Un enregistreur audio

Tu en auras besoin pour enregistrer les bruits des animaux : le chant des oiseaux, le coassement des grenouilles, le cri-cri des grillons et des sauterelles…

Truc : Tu peux aussi utiliser un enregistreur au lieu du papier et du stylo. Enregistre alors tout ce que tu vois.

Un canif

Ne l'utilise pas pour graver ton prénom sur les arbres, mais pour couper des plantes ou parties de plantes pour ta collection.

Une trousse de secours

Très pratique si tu fais une grande excursion. Quelques pansements, de la ouate hémostatique, un flacon de désinfectant et des épingles t'éviteront de devoir interrompre ta promenade pour un petit bobo.

Observer les animaux

Où, quand et comment ?

Les animaux sauvages sont généralement craintifs et se laissent difficilement observer. Voici quelques trucs.

Où ?

Certains animaux sont très attachés à un seul biotope tandis que d'autres se rencontrent presque partout. Ainsi, le lièvre est un habitant typique des prés. Tu ne le trouveras donc pas dans les bois.

Le lapin n'est pas aussi difficile à rencontrer. Il est content si le sol n'est pas trop dur pour creuser son terrier. Tu le trouveras donc aussi bien dans les forêts de conifères que dans les haies ou les dunes.

Animaux hibernants

En hiver, tu apercevras moins d'animaux. Tous les reptiles et amphibiens aiment hiberner. Les chauves-souris, les loirs et les hérissons hibernent aussi. Leur température interne descend de 10 à 20 °C.
Ne réveille jamais un animal hibernant. Tu pourrais le tuer !

Quand ?

Les animaux aussi dorment. Certains dorment en même temps que nous : la nuit. D'autres dorment toute la journée ou ne sont actifs qu'au lever et au coucher du soleil. Le tableau ci-contre reprend les meilleures périodes pour l'observation des animaux.

Quand peux-tu observer les animaux ?

animal	période de l'année	moment de la journée
chevreuil	février à octobre	du soir au matin
sanglier	toute l'année	la nuit
renard	toute l'année	tôt le matin et tard le soir
écureuil	avril à octobre	surtout à l'aube et le soir
lapin	toute l'année	à l'aube et au crépuscule
lièvre	toute l'année	à l'aube et au crépuscule
rat musqué	printemps et été	le matin
hérisson	mai à septembre	au crépuscule

Comment ?

Pour observer les animaux, tu dois tenir compte des exigences suivantes :

*** Silence**

Si tu voyages avec un grand groupe, tu auras peu de chances de voir des animaux. Un groupe fait du bruit et les animaux l'entendent venir de loin. Ils entendent même murmurer. N'oublie jamais que les animaux ont une bien meilleure ouïe que toi !

*** Camouflage**

Les animaux s'enfuient s'ils t'entendent, mais aussi s'ils te voient. Essaie donc d'être le plus discret possible. Pense aussi à tes vêtements. Aux pages suivantes, tu apprendras quelques techniques de camouflage.

*** Connaissance du terrain**

Il est idiot de construire une cabane ou de faire le guet dans un endroit que les animaux ne fréquentent pas. Essaie d'abord de découvrir où les animaux ont leur terrier ou nid ainsi que l'endroit où ils s'abreuvent. Fais donc attention aux empreintes, aux traces de dents et de nourriture, aux excréments, aux pistes (chemins fréquentés par les animaux)…

Techniques de camouflage

Le camouflage est impératif pour l'observation des animaux.

Une cabane

Tu as repéré l'endroit où vit un mammifère ou un oiseau et tu souhaites apprendre un maximum de choses à son sujet. Il est alors intéressant de construire une cabane. Tiens compte du fait que, pendant la construction de ta cabane, tu feras fuir de nombreux animaux. Mais sois tranquille. Après quelques jours, ils seront habitués. À ce moment-là, tu pourras commencer à observer.

Comment la construire ?

Avec huit bâtons solides et de la corde, tu construis la structure.

Avec de vieilles couvertures, tu formes un toit et les murs. Prévois des ouvertures, une fente en guise de porte et le camouflage avec des branches coupées, des fougères et de l'herbe.

Attention !

Construis toujours ta cabane « en plein vent ». Cela signifie que le vent doit toujours venir d'où tu t'attends à voir l'animal. La plupart des animaux ont un bien meilleur odorat que toi. Même si tu es bien camouflé, ton odeur peut te trahir !

Point d'eau

Les chasseurs se postent souvent à proximité d'une source. Ils savent que c'est le point de ralliement de nombreux animaux. C'est donc l'endroit idéal pour construire une cabane. S'il n'y a pas de source dans les environs, cherche une berge boueuse où tu trouveras des empreintes.

Tel un buisson vivant

Un sac de jute avec des trous pour ta tête et tes bras et, par-ci par-là, des taches de peinture marron et verte. Un vieux chapeau sur lequel tu fixes des fougères ou des feuilles. Si en plus de tout cela, tu restes immobile, les animaux ne te remarqueront jamais.

Au niveau du sol

Sur un terrain assez découvert, tu peux essayer de creuser un poste d'observation.
Cherche une petite butte et creuse légèrement. Recouvre ton abri avec des branches ou une toile.

Dans un arbre

Y a-t-il, dans les environs, un arbre aux branches assez solides pour supporter ton poids ? Sur une des branches, installe un coussin marron ou vert. Tu pourras y passer des heures !

Examiner les empreintes

Les mammifères ne se laissent pas facilement observer dans la nature, mais tu peux apprendre à repérer leurs traces…

Lire les empreintes

Les traces de pieds s'appellent « empreintes ». Elles se retrouvent dans presque tous les biotopes. Les plus évidentes se trouvent dans la neige et la boue. Examine-les de plus près et regarde à la page suivante pour découvrir l'animal qui a fait ces empreintes.
Si l'empreinte n'est pas dans la liste, consulte un guide détaillé à la bibliothèque.

Les empreintes parlent

Les empreintes ont leur propre langage. Mais pour le comprendre, tu dois avant tout bien étudier les traces des pieds.
Pose-toi ces questions :

*** Quelle est la profondeur de l'empreinte ?**
Cela est souvent lié à l'état du terrain (un chemin forestier dur, du sable de dune mou…) et au poids de l'animal.

*** S'agit-il d'une empreinte complète ou non ?**
Cela varie d'un animal à l'autre. Les carnivores qui font des pointes de vitesse, comme le renard, courent très souvent sur leurs orteils : la partie antérieure de leur empreinte est la plus profonde.

*** La distance entre les empreintes est-elle particulièrement importante ?**
Cela peut signifier que l'animal est en fuite.

*** Quelle est la distance entre les empreintes de gauche et celles de droite ?**
Pour un sanglier qui marche au pas, nous trouvons deux rangées d'empreintes parallèles relativement éloignées l'une de l'autre. Plus l'animal va vite, plus ces rangées se rapprochent. En cas de galop très rapide, les deux rangées d'empreintes ne formeront plus qu'une seule ligne.

À la page 113, tu apprendras à réaliser un moulage de traces.

*** Les empreintes suivent-elles une ligne droite ?**
Ce critère indique également la vitesse de l'animal. Un animal en balade déviera de temps à autre de son chemin. Par exemple, lorsque sa curiosité est éveillée par un frémissement dans les buissons.

Guide des empreintes – pattes avant

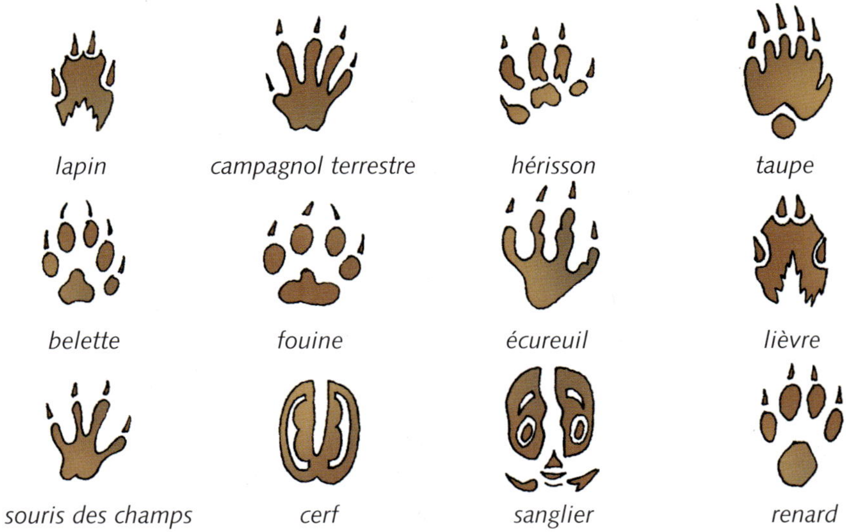

Traces de dents et de nourriture

Si tu connais les habitudes alimentaires des animaux, tu pourras facilement les suivre.

Sol remué

En hiver principalement, tu trouveras des endroits dans le bois où le sol aura été remué. Cela signifie que des animaux ont cherché de la nourriture sous le tapis de feuilles. Le sanglier a même un nez particulièrement creux pour chercher des racines, des tubercules, des larves d'insectes, des souris, etc.

Souilles

Dans certains endroits où le sol a été remué, les sangliers prennent des bains de boue. Ils peuvent ainsi enlever les parasites qui se trouvent sur leur peau.

Écorce rongée

En période de disette, de nombreux rongeurs se nourrissent de liber ou de sève. Selon la façon dont l'écorce a été rongée ou abîmée, il est possible de reconnaître l'animal responsable.

Les écureuils « écorcent » le tronc : ils en découpent des lamelles pour atteindre la sève. L'écorce arrachée est au bas de l'arbre.
Les campagnols agrestes grimpent dans l'arbre et rongent l'écorce en haut.

Les traces de dents des lapins, des souris et des souris des champs sont au bas des arbres.

Les cerfs au travail

Les cerfs sont des herbivores ; en hiver, ils mangent aussi de jeunes rameaux et des écorces sur les arbres feuillus et les conifères.
Ils ne coupent pas réellement la branche, ils la secouent jusqu'à ce qu'elle casse. L'extrémité de la branche est filandreuse. L'écorce est arrachée du tronc, de bas en haut, en longues lanières.
En général, un seul côté est rongé. Si l'écorce est rongée tout autour de l'arbre, celui-ci mourra inévitablement.

Pommes de pin remplies de graines

Les rongeurs, comme les oiseaux, adorent les graines des conifères. Celles-ci sont parfaitement protégées entre les écailles solides des pommes de pin, si bien qu'il s'agit d'une véritable corvée pour les en extraire.
Ces pommes de pin ont reçu la visite d'un(e)

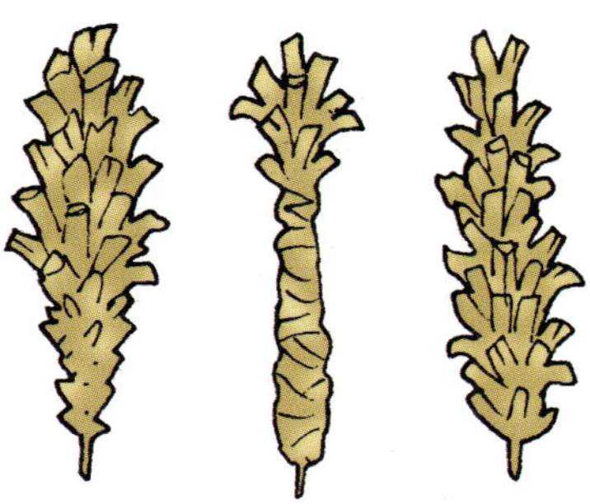

écureuil *souris* *pic*

Fruits d'automne

Les fruits d'automne sur le sol portent souvent les marques des rongeurs. Voici des noisettes arborant les traces de dents d'un(e)

souris des bois *campagnol*

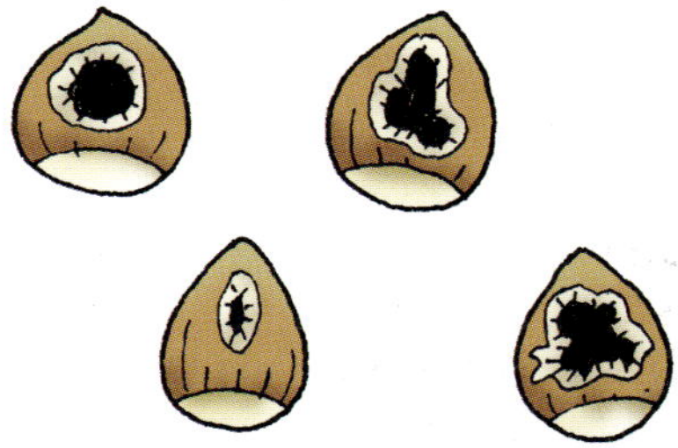

mésange charbonnière *pie*

Coups de pic

Tu as trouvé une noisette coincée dans l'écorce, un tas de noisettes vides sous l'arbre… Tu as découvert un pic. Les pics pincent les noisettes pour pouvoir les picorer jusqu'à ce qu'elles s'ouvrent.

La sittelle torchepot fait de même.

Excréments

De nombreux animaux utilisent leurs excréments pour marquer leur territoire.

Vous êtes chez moi !

Lorsque tu te promènes, tu franchis sans cesse des frontières. Il ne s'agit pas de frontières de pays, mais bien des frontières du « territoire » d'un animal. Certains animaux, comme les renards et les lapins, marquent leur territoire avec leurs excréments. Il s'agit d'un signe clair pour les amis et les ennemis : « C'est mon domaine ! Vous pénétrez ici à vos risques et périls ! »

Le renard dépose ses excréments à un endroit bien visible.

Pas faciles à reconnaître

La reconnaissance des excréments n'est pas une chose aisée. Observe bien les dessins.

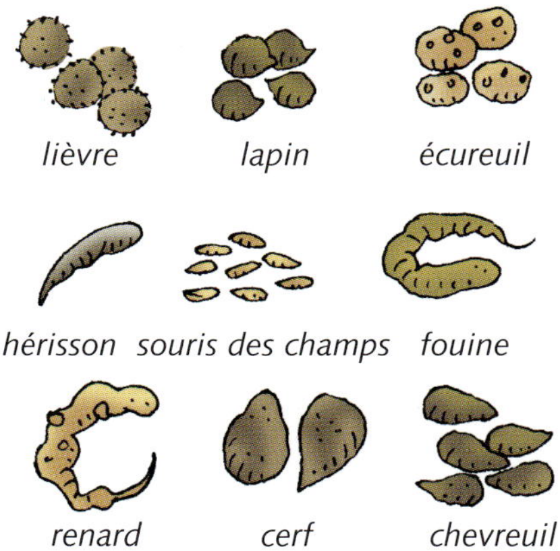

La couleur, la consistance, la composition et l'odeur dépendent de la quantité et du type de nourriture. Elles peuvent aussi varier en fonction de la saison.

Les lapins aiment déposer leurs crottes sur une petite butte.

Odeurs

Certains animaux ont également recours à leur odeur pour marquer leur territoire.

Drapeaux d'odeur

Où que tu ailles, tu trouveras des « drapeaux d'odeur » : signaux sous la forme d'une odeur. Ton nez ne percevra pas rapidement ces odeurs, mais les animaux les sentent. Un tel drapeau d'odeur peut provenir des excréments ou de l'urine, mais aussi de glandes odorantes. Il s'agit de glandes cutanées qui donnent à chaque animal sa propre odeur. L'illustration ci-dessous te montre où sont situées ces glandes odorantes.

renard

lièvre

chevreuil

Empreintes odorantes

Chez le chevreuil, les glandes odorantes sont sur sa tête. C'est pour cela que tu l'apercevras parfois frotter sa tête sur le tronc des arbres. Il y dépose ainsi son odeur.

En sautillant

Chez les lapins et les lièvres, les glandes odorantes se trouvent sous la queue. Pour marquer leur territoire, ils vont s'asseoir à différents endroits.

Le territoire des oiseaux

Les oiseaux marquent aussi leur territoire. Ils n'utilisent pas leurs excréments ou leur odeur, mais chantent ou émettent des sons.
Par exemple, le pic tambourine sur une branche morte avec son bec.

Cadavres

Hélas, les animaux ne sont pas éternels.
Toutefois, leurs cadavres ne restent pas longtemps sur place.

Dépister les prédateurs

Tu as trouvé un animal mort ? Le cadavre est-il encore intact ? Si oui, l'animal est sûrement mort à la suite d'une maladie ou de vieillesse. S'il manque des morceaux, tu as alors trouvé les restes d'une proie. Il s'agit souvent d'un oiseau. La tête a-t-elle été arrachée ? Si oui, le responsable est un rapace. Si les plumes ont été mordues, il s'agit d'un carnassier doté de dents. Si elles ont été arrachées, il s'agit d'un rapace.

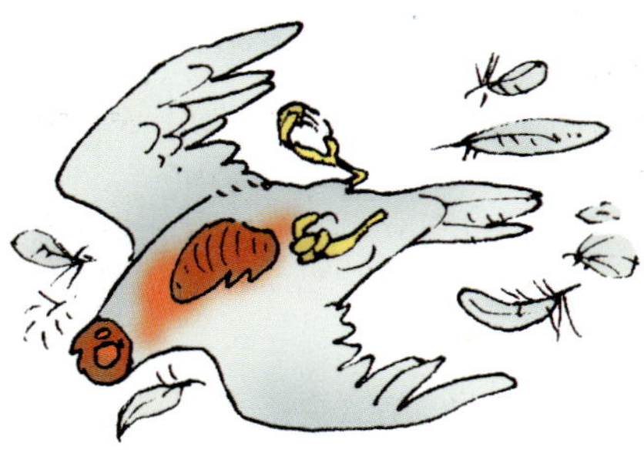

Ce pigeon a été tué par un épervier. La tête a été arrachée et les muscles pectoraux ont été croqués.

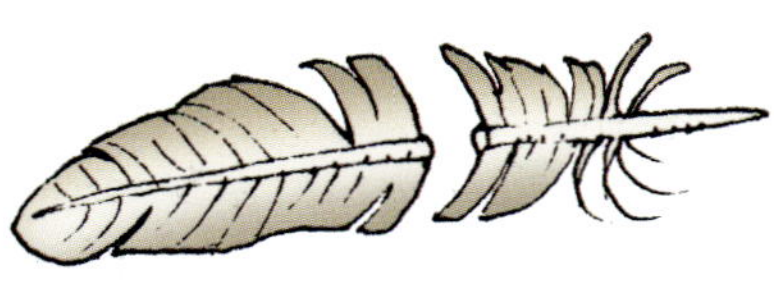

plume mangée par un renard

Saprophages

Les cadavres disparaissent vite. Certains animaux adorent la charogne (viande morte).

De nombreux insectes pondent leurs œufs sur la viande en décomposition. Les larves ont ainsi de la nourriture dès la sortie des œufs. Les corneilles font également partie des saprophages. On les aperçoit fréquemment le long des autoroutes, où se trouvent la plupart des victimes de la route.

Attention !
Ne touche jamais un animal mort sans mettre des gants. Le cadavre est peut-être porteur de germes pathogènes. Si tu veux examiner le cadavre sous tous les angles, utilise un bâton pour le retourner avec prudence.

Sentiers d'animaux

De nombreux animaux empruntent toujours le même chemin pour aller de leur terrier à la limite de leur territoire.

Pistes

Les animaux empruntent des passages fixes que nous appelons « pistes ». Celles-ci sont souvent marquées par les odeurs. Même les yeux bandés, l'animal n'en dévie pas.

À la recherche des pistes

Le chemin des sangliers n'est pas difficile à trouver. Ces animaux lourds piétinent tout ce qui se trouve sur leur passage. Les pistes des plus petits animaux ne sont pas si facilement repérables. Mais dans les hautes herbes, tu trouveras parfois de véritables « petits tunnels ». Regardes-en bien les parois : les poils ou les plumes que l'animal a laissés derrière lui peuvent t'indiquer l'habitant de ce territoire.

Fil de fer barbelé et arbrisseaux épineux

Parfois, les pistes sont réparties sur plusieurs champs et prairies. Ceux-ci sont souvent entourés de fil de fer barbelé ou d'une haie

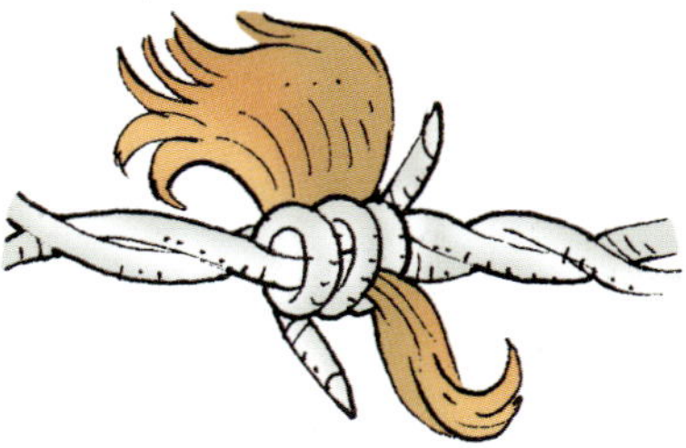

d'arbrisseaux épineux. Lors de ta recherche de traces, regarde bien les touffes de poils qui pendent aux fils de fer barbelés ou aux épines.

Habitats

Certains animaux ont le même habitat tout au long de l'année. D'autres n'ont qu'une maison provisoire ou n'en ont pas du tout.

À la surface ou sous terre ?

Certains mammifères ne construisent pas de nid. Les jeunes cerfs et chevreuils peuvent courir et suivre leur mère pendant quelques heures seulement après la naissance. Ils dorment généralement à l'abri, près de leur mère.

Les sangliers se contentent de construire un terrier provisoire pour leurs jeunes. Mais dans nos régions, tu trouveras de nombreux mammifères qui creusent des terriers dans le sol. Ces terriers forment souvent d'immenses réseaux de galeries.

L'entrée du terrier n'est bien souvent rien de plus qu'un trou dans le sol. La grandeur du trou te donne déjà une indication sur la grosseur de l'habitant. Si le diamètre est de 2 ou 3 cm, il ne s'agit assurément pas d'un lapin ou d'un renard, mais plutôt d'une souris, d'un rat des champs ou d'une musaraigne. L'entrée du terrier d'un campagnol a généralement un diamètre de 6 à 8 cm.

Vide ou plein ?

Tu as trouvé un terrier, mais tu ignores s'il est occupé. Regarde si tu aperçois des empreintes de pas fraîches. Si le sol est très dur, ce sera difficile à voir. Mais peut-être que tu verras pendre des toiles d'araignées à l'entrée. Si c'est le cas, il n'y a pas de doute, le terrier est vide !

Habitants des terriers

1. La **souris des bois** est longue de 8 à 10,5 cm, avec une queue de 7 à 11 cm. Son pelage est jaune ou brun foncé et blanc sur le ventre. Elle a de grands yeux.

2. La **musaraigne des bois** est longue de 5,5 à 8 cm, avec une queue de 6 cm. Elle a un museau très fin, de petits yeux et de petites oreilles rondes. Elle est insectivore.

3. Le **campagnol agreste** est aussi grand que la souris des bois, mais a une plus petite queue, un museau aplati, de petits yeux et de petites oreilles, un pelage brun-roux et des pieds blancs.

4. Le **campagnol terrestre** (également appelé rat d'eau) est long de 14 à 20 cm, avec une queue de 8 à 14 cm. Ses poils sont plus longs que ceux du rat brun, mais son museau est plus aplati.

Le gros gibier

Les cerfs, les chevreuils et les sangliers appartiennent au gros gibier.

Cerfs et chevreuils

Ils se ressemblent, mais le chevreuil est plus petit et surtout actif la nuit. Les bois du chevreuil sont moins impressionnants que ceux du cerf.

La mue des bois

Si tu as de la chance, tu trouveras lors de ton expédition le merrain d'un bois. Excepté chez les rennes, seuls les mâles arborent des bois. Ils se composent de deux merrains qui muent tous les ans. Tu peux les reconnaître à leur forme.

cerf

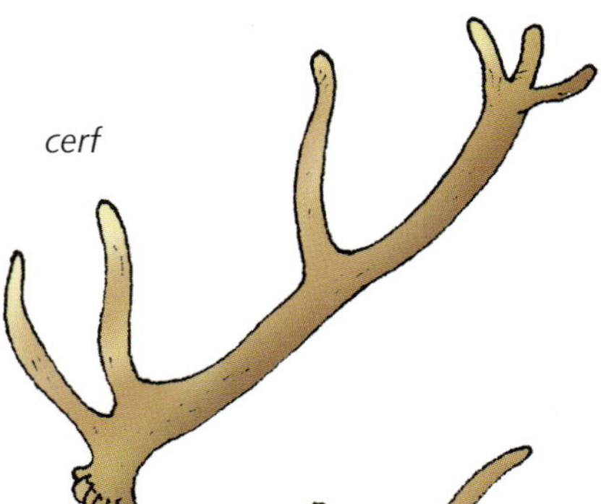

chevreuil

Attention au sanglier !

En général, les sangliers sont inoffensifs. Toutefois, il convient de se tenir sur ses gardes quand les femelles mettent bas (avril-mai). La femelle est agressive dès que l'on s'approche trop de sa progéniture. Une seule solution : courir !

Les marcassins

Les jeunes, que l'on appelle marcassins, naissent dans un terrier construit par leur mère. En moyenne, la femelle donne naissance à cinq marcassins par an, mais il arrive que ce chiffre atteigne la douzaine.

La renardière

Les renards vivent sur un terrain présentant de nombreuses possibilités d'abri, comme les bois ou les domaines ouverts avec de nombreux buissons.

À la recherche du terrier

Les renardières sont de tailles très variables. Parfois, elles ne sont pas plus grandes qu'un tuyau. Il s'agit d'un vaste réseau de galeries avec de multiples sorties.
L'entrée d'un terrier fraîchement creusé a un diamètre de 20 à 25 cm. Mais certains terriers, qui servent pendant des dizaines d'années, ont de très grands trous.
Pour savoir si le terrier est habité, il faut avoir le nez fin. Les renards répandent une forte odeur de carnassier.
Regarde bien aussi la hauteur des plantes à l'entrée. Par beau temps, les renards aiment se coucher au soleil et aplatissent ainsi les plantes.

Faciles à observer

Approche-toi du trou jusqu'à 10 ou 15 m, en silence car les renards ont l'ouïe fine.

En mars ou en avril, la femelle met au monde quatre à six renardeaux. De mai à juillet, tu pourras les voir jouer à proximité du terrier.

Lièvres et lapins

Les lièvres et les lapins sont de la même famille, mais leurs modes de vie sont quelque peu différents.

Le gîte du lièvre

Pour dormir, le lièvre cherche généralement un endroit protégé dans l'herbe. Son gîte est un petit trou peu profond. Quand il s'y couche, le lièvre ressemble à une motte de terre.

Et pour les levrauts ?

Le lièvre ne construit pas de nid pour ses jeunes. Ils viennent au monde à l'air libre. En général, la portée est de deux ou trois petits. Ils ont chacun leur terrier, qui offre peu de protection contre les prédateurs. Les petits viennent donc au monde avec un pelage totalement développé et peuvent voir dès la naissance.

Comment les distinguer ?	

Lièvre	**Lapin**
Longueur du corps : 50-70 cm *Longueur de la queue :* 7-11 cm *Oreilles :* longues avec des taches *Caractéristiques :* court la queue en bas afin que le côté sombre soit visible.	*Longueur du corps :* 35-45 cm *Longueur de la queue :* 4-8 cm *Oreilles :* plus courtes que celles du lièvre, sans taches noires *Caractéristiques :* lorsqu'il court, le côté blanc de la queue est visible.

Les galeries des lapins

Les terriers des lapins sont faciles à trouver. Les lapins vivent en petites colonies, dans de vastes réseaux de galeries comprenant une multitude de chambres. Le diamètre de l'entrée varie entre 10 et 15 cm. Il y a également de nombreuses sorties.

Et pour les lapereaux ?

Un terrier pour lapins comprend des chambres spécialement conçues pour les petits. Ils vivent dans un nid d'herbes séchées et de poils que la femelle arrache de sa poitrine. C'est donc un nid très doux et très chaud. Heureusement, car les jeunes naissent nus. Après une semaine, ils ouvrent les yeux et ils quittent le nid après trois semaines.

Autres habitants

Parfois, tu rencontreras d'autres habitants dans le terrier du lapin. Un renard, par exemple. En été, quand le papa et la maman renard élèvent leurs petits, des cadavres rongés jonchent l'entrée. Ce sont les restes de proies qui ont servi à nourrir les petits.

Certains oiseaux utilisent parfois les galeries abandonnées par les lapins, comme ce tadorne. Ils pondent leurs œufs à 3 m de profondeur dans une ancienne galerie.

Fais aussi attention aux…

… nombreuses crottes de lapin. Elles délimitent le territoire.
… trous creusés peu profondément. Le lapin marque également ainsi son territoire.
… herbes coupées et aux écorces rongées. En général, les alentours du terrier sont totalement dévorés.

Taupes et taupinières

Les taupes se trouvent dans tous les endroits ouverts : prairies, champs, jardins...

La taupe

La taupe vit principalement sous terre. Ses yeux minuscules lui permettent de distinguer la lumière dans l'obscurité. Elle trouve son chemin et sa nourriture grâce à ses moustaches et à son nez très sensibles.

Taupinières

Il est difficile d'apercevoir une taupe. Par contre, il y a des taupinières à peu près partout. Mais tu ne trouveras pas une maison sous chaque taupinière. Le réseau souterrain de galeries est très grand et la taupe creuse sans cesse de nouvelles galeries. C'est ainsi qu'elle accumule toute la terre qui crée de nouvelles taupinières.

Un regard à l'intérieur

Voici une coupe d'une galerie de taupinière avec le nid. C'est ici qu'au printemps la femelle met au monde de trois à six petits.

Castors et rats musqués

Ces deux animaux construisent leur terrier sur les berges.

Citadelles d'eau

Les castors vivent en colonie de plusieurs familles dans de grandes forteresses. L'entrée est invisible, sous le niveau de l'eau.
La forteresse est construite au moyen de troncs, de branches et de plantes. Elle est maçonnée au moyen de boue (1).
Les rats musqués creusent leur terrier dans une berge. L'entrée se trouve également sous le niveau de l'eau. Le terrier comprend de nombreuses pièces et galeries (2).

Le castor

Le castor est le plus gros rongeur d'Europe. Il a presque disparu des contrées européennes, mais il se reproduit de nouveau dans certains pays. On le trouve en France, en Suisse…

Le rat musqué

Cet animal est originaire d'Amérique. Il a été introduit en Europe en 1905 pour sa jolie fourrure mais depuis l'homme s'en est lassé. En creusant des galeries, le rat musqué détruit de nombreuses rives. Il est combattu par tous les moyens.

L'écureuil

Comme de nombreux oiseaux, l'écureuil construit son nid dans les arbres.

Construction de branches

Pour trouver le nid de l'écureuil, il faut attendre l'hiver. À cette période, les arbres sont dénudés. Le nid se trouve en général à proximité du tronc, bien soutenu par une ou plusieurs branches latérales. Le nid se compose d'un enchevêtrement de brindilles, est rond et a un diamètre compris entre 20 et 50 cm. Il comprend une seule entrée d'un diamètre d'environ 5 cm.

Au printemps, la femelle donne naissance à trois ou quatre petits qui naissent nus et aveugles. Ils ne voient qu'après quatre semaines.

Plus d'un nid

En général, l'écureuil construit plusieurs nids. Un nid solide où naissent les jeunes et où il passe également l'hiver, et deux ou trois nids simples. Il s'en sert de temps à autre comme « chambre à coucher ».

Pas un véritable hibernant

Si le soleil brille et qu'il ne gèle pas trop fort, tu apercevras aussi des écureuils en hiver. Ils ne sont pas de véritables adeptes de l'hibernation. De temps en temps, ils sortent de leur nid pour rechercher de la nourriture : glands, noisettes, faines, graines de conifères qu'ils ont enfouis dans le sol en automne.

Nids d'oiseaux

Pour l'étude des oiseaux, tu dois apprendre à être aussi silencieux qu'une souris.

Reste à distance

Si tu aperçois un oiseau en vol avec un brin d'herbe dans le bec, c'est qu'il est en train de construire son nid. S'il va et vient avec des insectes ou des vers, c'est qu'il élève ses petits.
N'essaie pas de suivre les parents. La loi interdit absolument le pillage ou le déplacement des nids !

Le coucou filou

Cet oiseau n'a pas de nid. La femelle cherche un nid d'oiseau chanteur différent pour chaque œuf.

Le jeune du coucou chassera les œufs ou jeunes du nid et sera nourri par ses petits parents adoptifs, qu'il dépassera très vite en taille.

Différents endroits

Les nids d'oiseaux se trouvent à différents endroits, sous différents aspects et en différents matériaux.

Le nid du merle : Dans les arbres, parfois près du sol. En forme de bol, fait d'herbes, de feuilles mortes et d'argile.

Le nid de l'hirondelle : Sous les gouttières et les corniches. En forme de demi-bol, fait d'argile et de salive.

Le nid de la mésange bleue : Dans les arbres, les arbrisseaux épineux et les haies. En forme d'œuf, fait de mousse et de lichen.

Aux pages 114-115, tu trouveras des informations sur les nichoirs.

Reconnaître les oiseaux

Rien qu'en Europe occidentale, nous rencontrons cinq cents espèces d'oiseaux.

Estivants et hivernants

La période de tes observations peut déjà constituer une indication sur le type d'oiseau. Certains oiseaux peuvent être observés tout au long de l'année. Nous les appelons les oiseaux non migrateurs. Les rouges-gorges, les moineaux et les merles font partie de cette catégorie. Les estivants, comme les hirondelles et les rossignols, arrivent dans notre pays en été pour couver, mais repartent en automne pour des contrées plus chaudes. Les hivernants couvent dans le Grand Nord, mais passent l'hiver chez nous.

Reconnaître les oiseaux à leur bec

La forme du bec renseigne sur les habitudes alimentaires de l'oiseau.

Pinson : Conique, pour briser les graines et les noix.

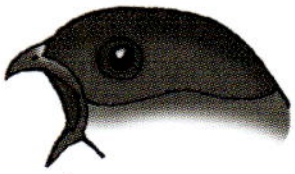

Hirondelle : Court et large, pour attraper les insectes ailés.

Avocette : Long et fin, pour chercher les petits animaux dans la vase.

Faucon : Tranchant et courbé, pour dévorer ses proies.

Canard : Large et aplati, pour tamiser la nourriture.

Reconnaître les oiseaux à leurs pattes

Les pattes des oiseaux sont adaptées à leur mode de vie.

Moineau : Se repose souvent sur une branche qu'il doit agripper avec ses pattes.

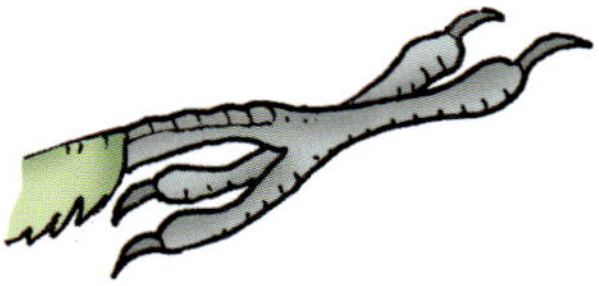

Pic : Grimpe le long des troncs des arbres, ce qui est plus facile avec deux orteils à l'avant et deux à l'arrière.

Hibou : Doit pouvoir agripper ses proies et a donc de longues griffes.

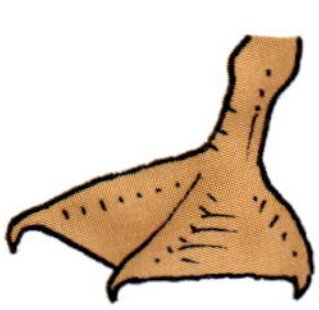

Canard : A des pattes palmées pour faciliter la nage.

À la page 116, tu verras comment attirer des oiseaux dans ton jardin.

Reconnaître les oiseaux à leur chant

Chaque oiseau a un chant différent. Si tu apprends à le reconnaître, tu n'auras pas besoin de voir l'oiseau pour savoir qu'il est présent. À la médiathèque, tu peux emprunter des disques avec des chants d'oiseaux. Écoute-les bien avant ton expédition.

Provoquer le chant

Enregistre le chant du rossignol et émets-le à l'extérieur. Si un vrai rossignol se trouve dans les parages, il te répondra !

Le chant des oiseaux

Tous les oiseaux ne sont pas de formidables chanteurs, mais tous émettent des sons pour communiquer entre eux.

En route avec le magnétophone

Si tu as un magnétophone à cassettes, tu peux enregistrer le chant de différents oiseaux. Un micro avec un long fil est très pratique. Cherche l'endroit où vient chanter un oiseau.

Tu peux ensuite y cacher ton micro. Tu dois alors aller te poster un petit peu plus loin avec l'enregistreur.

Un micro orienté

Place le micro dans un étui en carton afin d'amplifier les sons que tu captes.

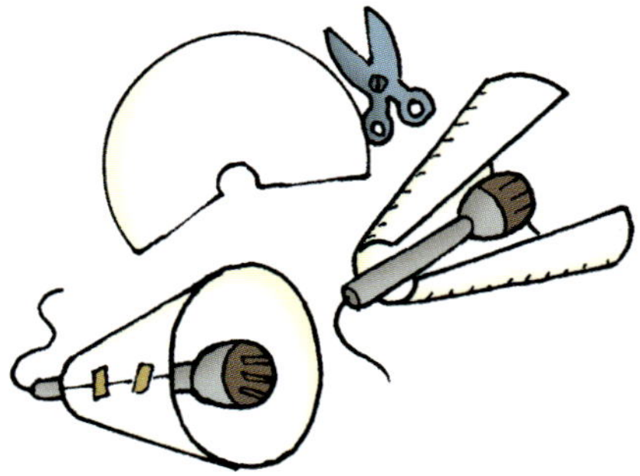

À quelle saison ?

La plupart des oiseaux chantent principalement avant ou pendant la couvaison, c'est-à-dire au printemps. Les pinsons et les moineaux des bois chantent aussi souvent en automne.

À quelle heure ?

L'heure de midi n'est pas le moment idéal pour l'enregistrement des chants d'oiseaux. À cette heure, la plupart des oiseaux se reposent.

Plumages flamboyants

Les plumes tiennent chaud aux oiseaux et les rendent riches de couleurs.

À la loupe

Examine bien une plume à la loupe. L'axe central de la plume est le rachis. Il présente deux séries latérales de barbes. Chaque barbe porte une série de barbules.

Nettoyer les plumes

Les oiseaux consacrent beaucoup de temps à l'entretien de leur plumage. Les barbes doivent en outre s'imbriquer correctement. Sans quoi, l'oiseau ne pourra pas voler. Tout en « lissant » leurs barbes avec leur bec, ils les graissent avec leur glande uropygienne. Le plumage est ainsi imperméabilisé.

La mue

Les plumes s'usent. Mais chaque année, pendant la mue, les oiseaux perdent une grande partie de leurs plumes, ce qui laisse la place à de nouvelles. C'est la période idéale pour entamer une collection.

Une collection de plumes

Tu peux coller les plumes dans ton cahier à l'aide de deux bandelettes de ruban adhésif. Inscris l'endroit de la découverte et le nom de l'oiseau. Tu peux aussi faire quatre encoches (deux et deux) dans le papier et y glisser la plume.

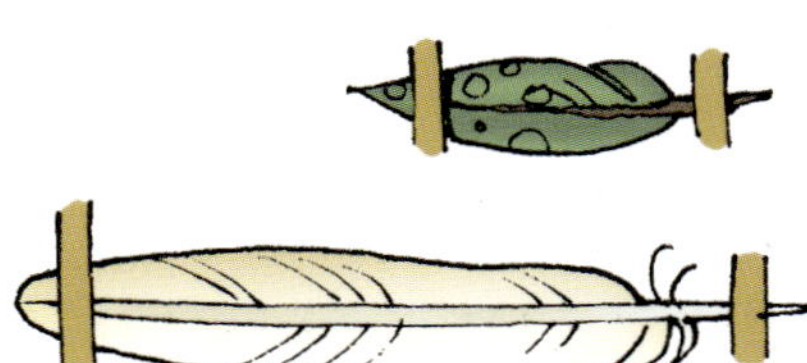

Rapaces

Les buses, les éperviers, les vautours, les busards et les faucons crécerelles chassent toute la journée, et les hiboux la nuit.

Reconnaître les rapaces

Des rapaces qui volent loin au-dessus de ta tête, tu n'aperçois que la silhouette. Toutefois, cela suffit souvent pour les reconnaître. Fais attention à la forme de leurs ailes et aux dimensions de leur queue.

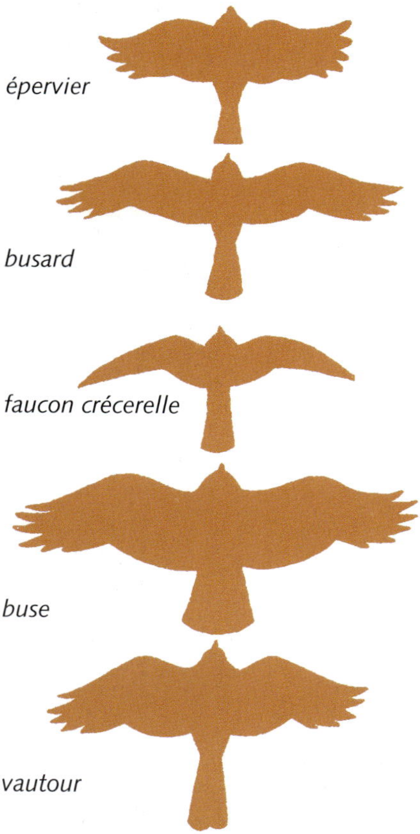

Souriciers

De nombreux rapaces chassent les souris. Mais certaines années, les souris se font rares. Ces années-là, pour éviter que leurs jeunes ne meurent de faim, les rapaces pondent peu. Ils contribuent ainsi à l'équilibre de la nature.

Le cri du hibou

Si tu veux entendre le vrai cri du hibou, tu dois d'abord savoir l'imiter. Dispose tes mains comme l'indique l'illustration.

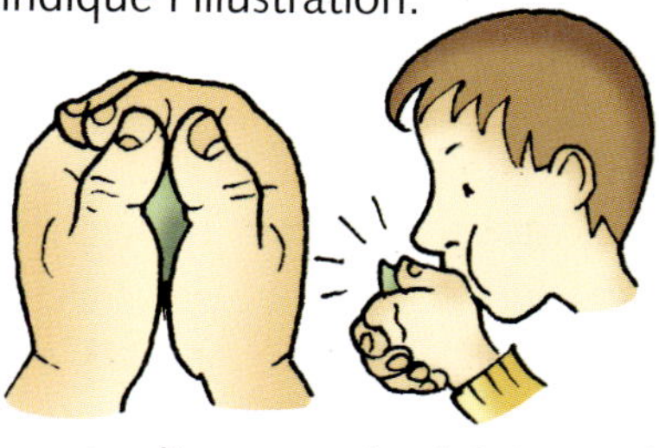

Pose tes lèvres sur les jointures de tes pouces et souffle dans la fente en dessous. Exerce-toi jusqu'à ce que tu entendes « ouhou ». Rends-toi alors au bois et vois si tu peux attirer un hibou. S'il répond, c'est réussi !

Pelotes de régurgitation

Les rapaces n'ont pas de dents et sont donc incapables de mâcher. Ils avalent tout et accumulent ainsi des petits os et des poils indigestes dans leur estomac. Ces matières sont régurgitées sous forme de petites balles allongées.

La pelote du faucon crécerelle ne contient pas de petits os.
La pelote de la chouette des clochers a une croûte lisse et noire.
La pelote de la chouette des bois a une surface rugueuse.

À la recherche des pelotes

Les pelotes du hibou se trouvent généralement à même le sol, sous son « perchoir ». Elles sont rondes ou fusiformes, avec un diamètre de plus de 2 cm et une longueur de 5 cm pour la chouette des clochers, jusqu'à 7,5 cm pour le moyen duc.

Disséquer une pelote

La dissection d'une pelote de régurgitation t'apprendra beaucoup sur ce que l'oiseau a mangé.

1. Place la pelote dans un petit pot rempli d'eau dans laquelle tu as versé du détergent pour laver la vaisselle.
2. Secoue bien le pot.
3. Dès que la pelote s'est désagrégée, vide le pot dans un tamis.
4. Avec une petite pince, extrais tous les petits os et les petites dents. Fais-les sécher sur du papier.

Serpents et lézards

De nombreux reptiles n'apprécient pas le climat tempéré de certains pays.

Adorateurs du soleil

Les reptiles ne sont actifs qu'après un bain de soleil. Ce sont des animaux à sang froid. Cela signifie que la température de leur corps est influencée par la température de l'environnement.

Chaque nuit, leur température baisse et, tous les matins, ils doivent d'abord prendre un bain de soleil pour rétablir leur température.

La meilleure période pour observer les serpents et les lézards se situe donc dans la matinée. La plupart d'entre eux sont alors en train de prendre un bain de soleil. Comme cette inoffensive couleuvre à collier.

Attention à la vipère

La plupart des serpents de nos régions sont inoffensifs. La vipère ne l'est pas. Sa morsure est venimeuse. La vipère est reconnaissable à la ligne en zigzag sur son dos et au dessin en forme de V sur sa tête.

En cas de morsure de vipère...

La vipère a des crochets à venin, mais elle ne mord que si on veut la prendre ou si on marche accidentellement sur elle. Si une vipère te mord, tu dois sucer la blessure ou demander à quelqu'un de le faire. Attention : ceci est seulement permis si tu n'as pas une autre plaie dans la bouche. Tu dois immédiatement cracher ce que tu suces. Ensuite, rends-toi le plus vite possible chez un médecin.

À la recherche des peaux

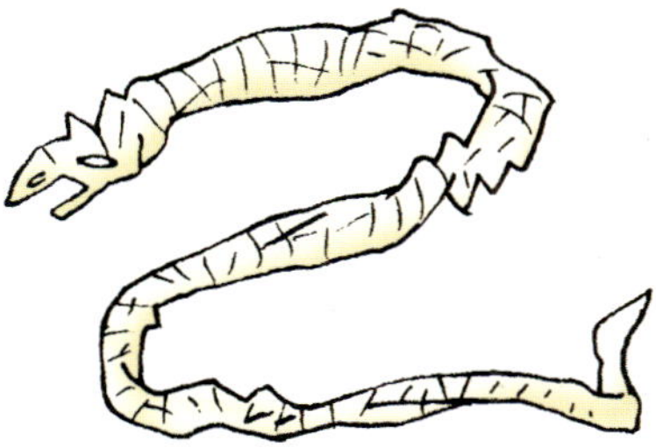

Les reptiles sont très craintifs et s'enfuient dès que tu t'en approches. Toutefois, il existe une méthode très facile pour savoir si des serpents ou des lézards vivent dans un endroit précis. Il te suffit de faire attention aux dépouilles. Les lézards et les serpents muent en effet régulièrement pour grandir et tu trouveras d'anciennes peaux là où ils vivent.

Ni un ver ni un serpent

Sous une vieille pile de bois, tu découvriras parfois un groupe d'orvets. L'orvet ressemble tout autant à un long ver qu'à un petit serpent, mais il s'agit d'un lézard sans pattes.

Le lézard vivipare

Ce lézard se retrouve dans presque chaque biotope, que ce soit un bois, une bruyère ou des terres agricoles. La femelle conserve ses œufs dans son corps jusqu'à ce que les jeunes soient totalement développés. Dès qu'elle pond, les jeunes quittent l'esquille.

Sans queue

Dans un guide animalier, tu liras que la queue du lézard peut atteindre deux fois la longueur de son corps. Toutefois, tu rencontreras des lézards avec une toute petite queue. En fait, les lézards coupent spontanément une partie de leur queue en cas de danger. Une queue bien plus courte et aplatie repousse à la place.

Grenouilles et crapauds

Tout explorateur se doit de le savoir : dans nos régions, les amphibiens sont protégés !

Protégés par la loi

Les animaux protégés par la loi ne doivent pas être dérangés. Tu ne peux pas capturer les grenouilles, les crapauds et les salamandres. Leur vraie maison, c'est la nature. Seuls leurs œufs (larves) ne sont pas protégés.

Grenouille ou crapaud ?

Les grenouilles et les crapauds appartiennent à la même famille. Mais les grenouilles ont la peau lisse, au contraire des crapauds qui ont la peau verruqueuse. L'apparence de leurs œufs est aussi différente, mais les têtards sont très difficiles à distinguer.

Étude des têtards

Les œufs de grenouille sont entourés d'une gelée protectrice. Si tu souhaites observer le développement des œufs en larves (têtards) et ensuite en grenouilles, emporte un peu de gelée à la maison. Place-la dans un bac en verre ou dans un grand pot, en y ajoutant des plantes aquatiques (elles n'ont pas besoin de terre pour prendre racine). Les têtards se nourrissent des petites algues attachées aux plantes

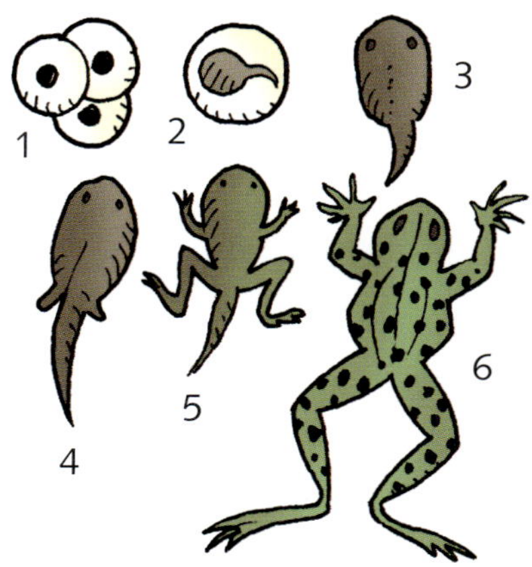

aquatiques. Après environ trois mois (plus vite en cas de temps ensoleillé), les têtards perdent leur queue. Ils sont désormais prêts à débarquer sur terre. C'est à ce moment que tu dois les replacer dans leur milieu naturel.

Grenouilles vertes ou brunes

À part leur couleur, elles se ressemblent énormément, mais leur coassement est différent. Le coassement de la grenouille brune est faible et quelque peu ronchonneur. Elle ne dispose que d'un seul sac vocal. La grenouille verte en a deux et on l'entend de loin.

Concerts de grenouille

Pendant les concerts bruyants de la grenouille verte (mai-juin), tu peux l'observer de près.

Le crapaud sage-femme

Si tu aperçois sur un sentier un crapaud avec des colliers d'œufs autour des pattes postérieures, il s'agit du mâle. Il se dirige peut-être vers l'eau pour y déposer les œufs. En effet, les crapauds naissent aussi dans l'eau.

Au secours des crapauds

Au printemps, les grenouilles et les crapauds retournent toujours vers le lieu de leur naissance en vue de la reproduction. Ils doivent souvent traverser des routes très fréquentées. Les crapauds, moins rapides que les grenouilles, sont les principales victimes de la route. Si tu connais une route traversée par de nombreux crapauds, demande à ta commune de placer un panneau de signalisation spécial pour recommander aux conducteurs de ralentir.

L'épinoche

L'étude des poissons n'est pas facile, mais tu peux essayer d'attraper une épinoche…

Un miroir pour l'épinoche

Au printemps, pêche une épinoche mâle. C'est à cette époque qu'elle porte son « costume de mariage » : une gorge et un ventre rouges. Place-la dans un aquarium avec du sable, du gravier et quelques plantes.

Place un miroir dans l'aquarium et attends que l'épinoche aperçoive sa propre image. Elle commencera alors à nager en rond de manière désordonnée parce qu'elle pensera qu'un autre mâle veut entrer dans son territoire.
Attention ! Après cette expérience, n'oublie pas de replacer cette épinoche dans son milieu naturel.

Gluant

La peau de l'épinoche est gluante. En effet, l'épinoche possède de nombreuses glandes muqueuses. Le mucus protège le poisson et facilite sa nage.

Un abri pour poissons

As-tu un étang à poissons ?
Pour éviter que les poissons soient attrapés par un héron, tu peux leur fabriquer un abri : un tuyau en faïence au fond de l'étang.

Lisse comme une anguille

Savais-tu que la nuit, tu pouvais marcher sur une anguille dans l'herbe ? Elle passe ainsi d'un ruisseau à l'autre.

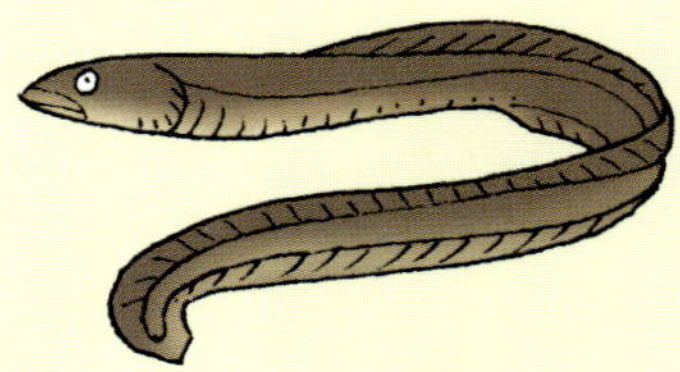

Pourtant, elle n'a pas de poumons. Sur terre, elle puise son oxygène à partir d'un réservoir d'eau.

Attraper les animaux aquatiques

Tu peux partir à la recherche d'animaux aquatiques dans les mares, les étangs et les ruisseaux.

Épuisette

Voici quelques idées pour fabriquer une épuisette.

un tamis de cuisine au bout d'un bâton

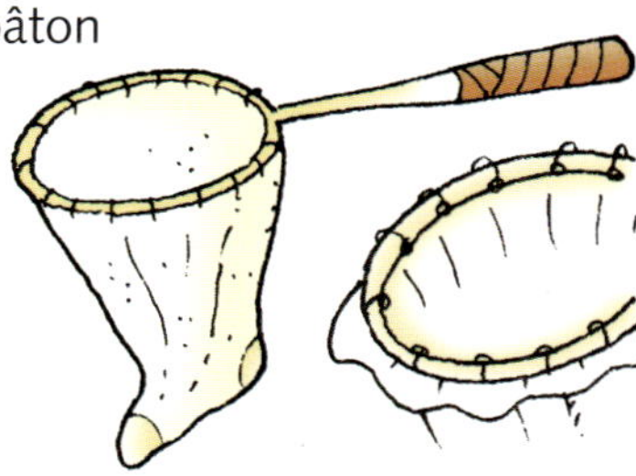

une vieille raquette de tennis ou de badminton et un bas en Nylon

une demi-bouteille de plastique avec des trous au bout d'un bâton

un voile entre deux bâtons

Un hameçon triple à anneau

Avec trois morceaux de fil de fer solide que tu relies par une corde, tu fais un hameçon triple à anneau. À l'aide de cet hameçon, tu peux tirer des plantes aquatiques vers le bord. Cela vaut souvent la peine parce que les plantes abritent des petites bêtes et, au printemps, de nombreux œufs.

Observer les animaux aquatiques

Tu peux facilement observer les animaux aquatiques, que ce soit sur place ou chez toi.

Petits plongeurs

Regarde bien la surface de l'eau. Des insectes d'eau et des limnées viennent régulièrement y chercher de l'air. Il y a très longtemps, ces petits animaux vivaient sur terre. Ils respirent encore par un poumon et doivent venir chercher l'oxygène. Les limnées (1) et la plupart des hydrophiles (2) font leurs réserves d'oxygène avant de plonger. La nèpe (3) puise son oxygène via une trompe qui vient à la surface.

Pêcher les vers

L'eau douce foisonne de saprophages. Tu peux les attraper avec une corde à laquelle tu fais pendre un morceau de viande. Très souvent, de petits plathelminthes noirs sont alors attirés.

Sur et sous le niveau de l'eau

Les gerris et les notonectes sont des hétéroptères. Ils sont très faciles à attraper, mais attention : ils savent voler. Ferme ton aquarium avec un voile !

Larves de libellules

Les libellules et les demoiselles volent au-dessus de l'eau, mais leurs larves vivent dans l'eau. Ce sont de véritables chasseuses. La larve de la belle libellule impériale fait 6 cm et est brun clair, verte ou jaune. Elle dévore ses proies.

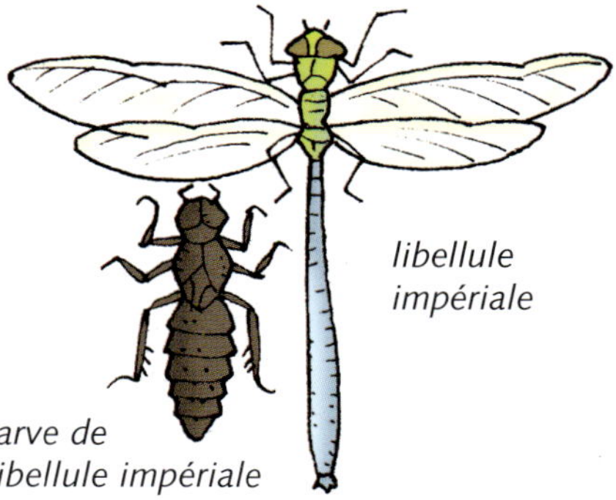

Naissance massive

Examine la végétation des berges. Au printemps et en été, les larves développées des libellules, des demoiselles et des éphémères rampent hors de l'eau. Elles grimpent le long des plantes où elles attendent que leur peau éclate. Apparaît alors un insecte adulte.

Collecter les peaux des larves

Tu peux ramasser les peaux vides des larves sur les plantes pour compléter ta collection. Elles sont sèches et sont donc faciles à conserver.

Élever les moustiques

Les moustiques passent leur jeunesse dans l'eau. Leur vie comprend 4 stades (voir à la page 61). Les œufs, les larves et les chrysalides se trouvent principalement dans les eaux vaseuses.

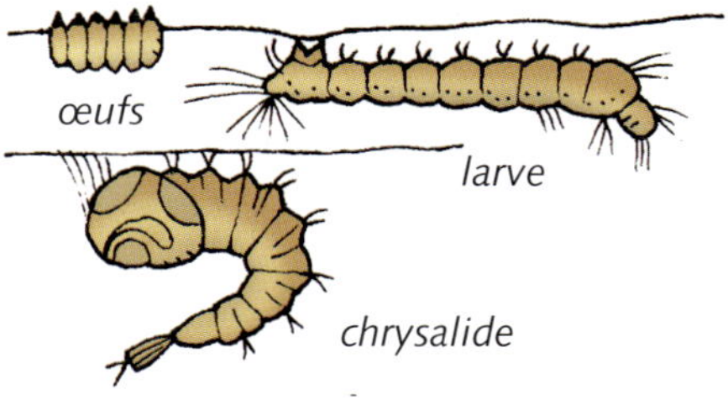

Le savais-tu ?

Il existe aussi une araignée d'eau (argyronète). Elle tisse sa toile dans l'eau et apporte de l'air de la surface vers sa toile sous la forme d'une cloche à plongeur.

Une cuvette

À fabriquer pour l'étude des animaux aquatiques :

1. Entre deux plaques de verre en forme de U, place un tuyau en caoutchouc.
2. Fixe les deux plaques de verre à l'aide d'étaux.
3. Remplis la cuvette d'eau et mets-y l'animal.

À la page 124, tu apprendras à aménager une mare artificielle.

Animaux du sol

Chaque biotope abrite son lot d'animaux vivant dans le sol.

Appâts

Différents objets peuvent servir à attraper les petits animaux que tu souhaites observer.

- Une pomme de terre évidée dans laquelle tu creuses une porte.

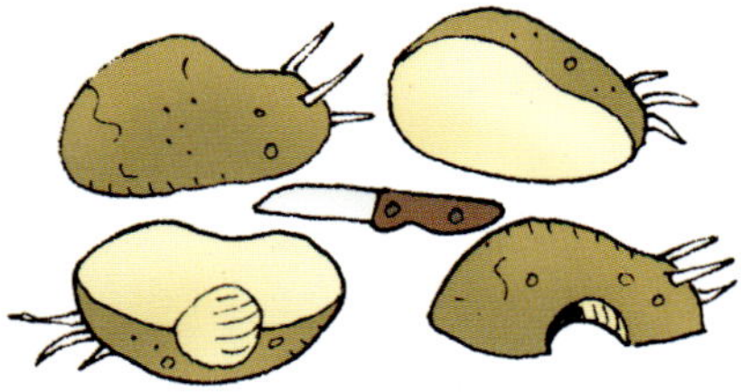

- Un morceau d'écorce.
- Un demi-pot de fleurs enfoui à moitié dans le sol.

- Un tas de bois.
- Une boulette de papier.

Chaque appât obtiendra des résultats différents. Il est dès lors conseillé d'en utiliser plusieurs pour attirer une plus grande variété d'animaux.

Trappe

Avec un pot enfoui dans le sol, tu attraperas des petits animaux nocturnes. Le nombre d'animaux capturés dépendra du temps qu'il fait. Les nuits douces et humides sont propices à d'excellentes captures.

Hôtel pour cloportes

Transforme une boîte à chaussures en hôtel avec une pièce claire et une pièce sombre.

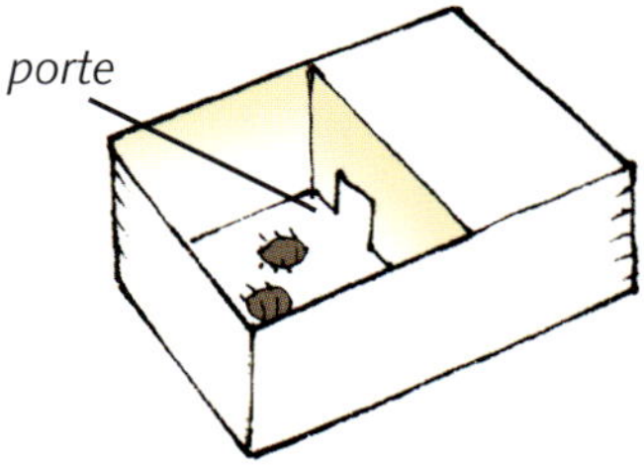

Attrape une dizaine de cloportes : ils vivent sous les pierres et les feuilles en putréfaction. Mets-les ensuite dans la pièce claire. Que constates-tu ? Les cloportes déménagent dans la pièce plus sombre parce qu'ils détestent la lumière.

Déménageurs au travail

Les petits animaux du sol abattent un travail utile. Ils déménagent les déchets végétaux et animaux. Sans eux, la terre serait recouverte d'une énorme couche de déchets naturels : branches, feuilles, plantes et animaux morts, excréments…

1. lombric
2. mille-pattes
3. collembole
4. cloporte
5. nécrophore
6. bousier
7. limace

À la page 121, tu apprendras à fabriquer un bocal à lombrics.

Un entonnoir-liège

De nombreux petits animaux vivent aussi sous et entre les feuilles mortes. Ils sont souvent si petits que tu ne pourras pas les trouver. Pour les étudier, tu dois d'abord les retirer de la litière de feuilles. Cela sera possible à l'aide de cet entonnoir que les spécialistes appellent entonnoir de Tullgren.

1. Place un entonnoir dans un pot en verre.
2. Remplis-le d'une couche de feuilles.
3. Place le pot une heure sous une lampe.

Les petits animaux fuiront la chaleur et tomberont ainsi dans le pot.

Araignées tisseuses et chasseuses

Pour étudier les araignées, tu dois savoir compter jusqu'à huit.
En effet, tous les arachnides ont huit pattes.

La toile de l'épeire diadème

As-tu déjà vu un véritable artiste à l'œuvre ? Si non, regarde bien une épeire diadème tisser sa toile. Elle travaille toujours de la même manière.

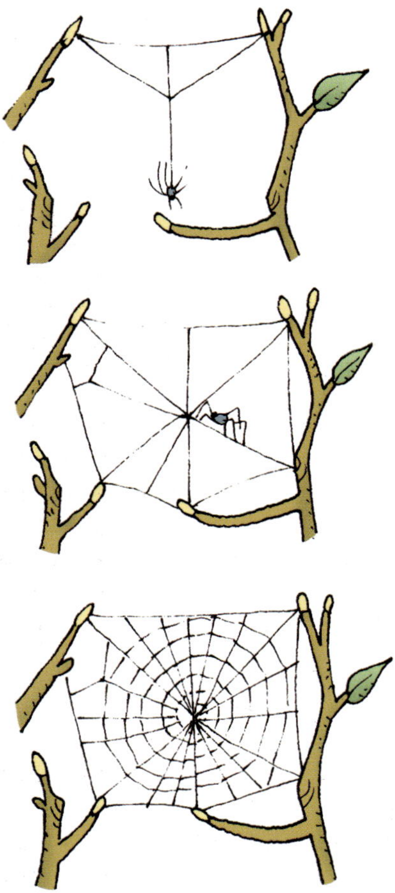

Toute la famille

Les araignées ne sont pas les seules à appartenir à la classe des arachnides. Nous trouvons aussi les faucheux (1), les mites (2) et les tiques (3).

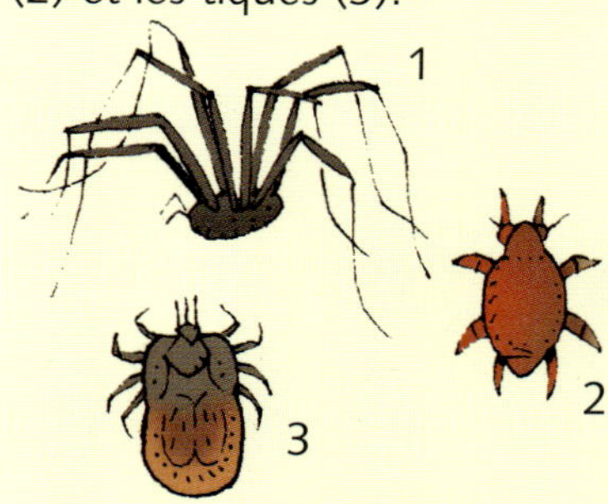

Imiter la mouche

Cherche une toile d'araignée et, avec un bâtonnet, touche prudemment un des fils de la toile. Regarde ce qui se passe.

Conserver les toiles

Recherche une toile d'araignée intacte et un morceau de carton un petit peu plus grand que la toile. Saupoudre la toile de talc ou recouvre-la d'un voile fin.

Sur le carton, pose une mince couche de colle en aérosol. Appuie ensuite précautionneusement le carton sur la toile. L'art consiste à maintenir le carton parfaitement parallèle à la toile afin que toutes les parties de la toile touchent simultanément le carton.

Pour la finition, arrose le tout avec de la laque.

Pas toutes des tisseuses

Les araignées tisseuses sont facilement repérables. Leur toile est souvent visible. Mais toutes les araignées n'ont pas recours à la toile pour attraper les insectes. Certaines adoptent des techniques de chasse différentes. Pour les voir au travail, l'idéal est d'observer ces petits animaux.

Les thomises se trouvent souvent sur les fleurs qui ont la même couleur qu'eux. De cette manière, le camouflage est optimal. Hélas pour toi, ils sont encore moins visibles ! Ils attendent patiemment l'arrivée d'une proie et l'attrapent alors par surprise.

Les lycoses sont de véritables chasseuses. Elles traînent leur proie sur le sol. Même pendant la chasse, elles n'abandonnent pas leurs œufs. Elles les portent comme un sac.

Des millions d'insectes

On a souvent tendance à oublier que plus de trente millions d'espèces d'insectes différentes vivent sur la terre !

Un sujet passionnant

L'étude des insectes est réellement passionnante. Les espèces sont si nombreuses qu'une vie d'homme ne suffirait pas pour toutes les observer une seule fois à la loupe. De plus, il est très facile de trouver des insectes.
Ils vivent dans tous les biotopes. Même chez toi !

Protégés ou non ?

La plupart des insectes ne sont pas protégés. Tu peux donc les attraper et les emmener chez toi pour mieux les observer. Mais si tu as un peu de respect pour la nature, tu les remettras toujours en liberté après les avoir observés.

Reconnaître les insectes

Les insectes sont si nombreux qu'il est impossible de les connaître tous.
Un insecte avec des écailles sur les ailes est un papillon. Un insecte avec deux ailes au lieu de quatre est une mouche ou un moustique. S'il a des élytres en guise d'ailes antérieures, tu sais que tu es en présence d'un coléoptère...
Si tu apprends à reconnaître ces groupes (les scientifiques parlent d'ordres), tu auras parcouru une bonne partie du chemin.
Dans un guide sur les insectes, tu pourras alors rechercher le nom de l'insecte que tu auras trouvé.

Un double nom latin

Tous les insectes n'ont pas reçu de nom français. Ils portent alors souvent un double nom latin. Ainsi, le perce-oreille porte le nom latin de *Forficula auricularia*.

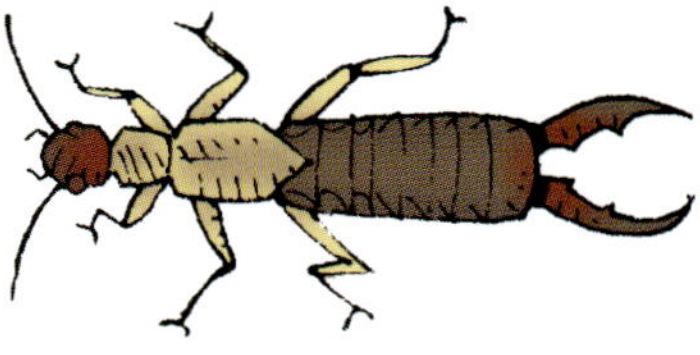

Trois ou quatre vies

Si tu souhaites étudier les insectes, tu dois savoir qu'ils peuvent apparaître sous trois ou quatre « formes ».

De l'œuf à l'insecte adulte
La plupart des insectes naissent dans des œufs. Ensuite, ils se transforment en larves qui muent à différentes reprises.

Chez les insectes à trois stades, la larve (ou nymphe) ressemble très souvent à l'insecte adulte. À chaque mue, la nymphe grandit. Lors de la dernière mue, l'insecte est pourvu d'ailes et devient adulte.

nymphe et grillon adulte

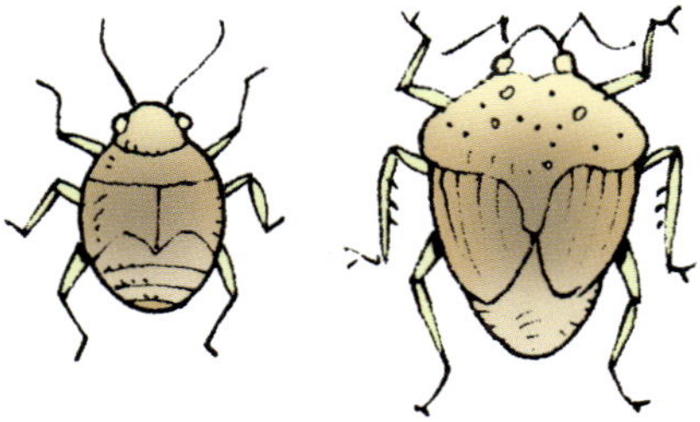

nymphe et punaise des bouleaux adulte

Chez les insectes à quatre stades, la larve (ou chenille) se transforme en chrysalide dès qu'elle a atteint sa maturité. L'insecte adulte qui sort de la chrysalide ne ressemble plus du tout à la larve.

chenille chrysalide papillon

larve chrysalide coccinelle

larve chrysalide fourmi

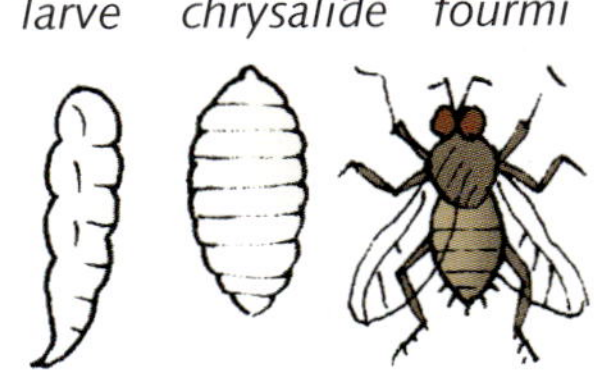

larve chrysalide mouche

Pour les larves (et les chrysalides) qui vivent dans l'eau, réfère-toi à la page 54.

Attraper pour observer

Construis toi-même des outils pratiques pour la capture des insectes.

Pas de chasse sauvage

Ne chasse pas chaque insecte que tu vois. Chaque animal joue un rôle important dans l'équilibre de la nature. Capture uniquement les insectes que tu souhaites étudier et remets-les ensuite en liberté.

Apprends à les connaître

Si tu souhaites observer un insecte pendant quelques jours, recherche d'abord de plus amples informations pour connaître le genre de vie de ce petit animal. Évite de mettre dans une même boîte un carnivore et un herbivore. Nous te laissons imaginer la suite !

Un aspirateur à insectes

Recherche un pot en verre avec un large bouchon.

1. Perce deux trous dans le bouchon et mets-y deux tuyaux en plastique, un court et un long.
2. Bouche l'extrémité du petit tuyau à l'aide d'un petit voile. Replace le bouchon sur le pot.

3. Pour attraper l'insecte, place l'extrémité du long tuyau près de l'animal. En suçant le petit tuyau, tu aspireras l'insecte dans le pot. Pratique !

Savoir où chercher

Dans les arbres et les buissons, tu trouveras une multitude d'insectes. Les chênes sont souvent la source d'une pêche miraculeuse. Sur ce graphique, tu trouveras les arbres qui abritent le plus grand nombre d'insectes.

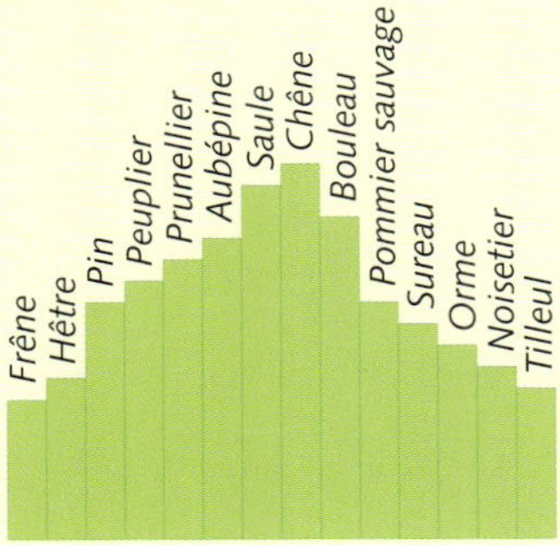

Un filet

1. Déplie un cintre en métal et, avec le fil de fer, forme un anneau.
2. Noue les extrémités et fixe-les à un bâton ou un manche à balai.
3. Fais un sac avec un voile fin et attache-le solidement à l'anneau de fer.

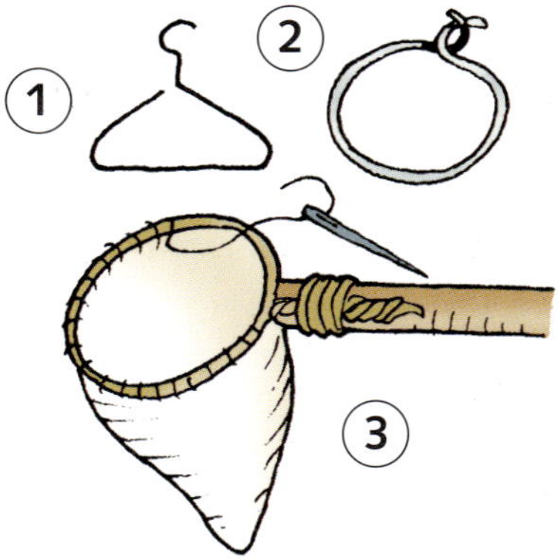

Piège de miel

De nombreux insectes raffolent de sucreries. Étends du miel sur un tronc d'arbre et attends que les petits animaux en aient senti le parfum (avec leurs antennes !). Les papillons de nuit se laissent très facilement prendre au piège. Mais pour les voir, tu dois quitter ton lit la nuit !

Le piège du parapluie

Avec un parapluie ou une épuisette que tu réaliseras toi-même (voir l'illustration), tu attraperas des insectes dans les arbres. Tiens ton parapluie sous une branche, donne un coup sec sur la branche et les petites bêtes tomberont à la renverse.

Petits architectes

Certains insectes construisent un abri sûr pour eux-mêmes ou pour leurs petits.

La guêpe

Dans les haies humides, tu pourras voir pendre aux plantes des petites urnes. Elles sont construites par les guêpes femelles. Dans cette petite urne composée d'argile et de salive, la guêpe dépose une chenille paralysée et un œuf. La larve qui sortira de l'œuf mangera la chenille.

Abris pour abeilles et guêpes solitaires

Certaines espèces d'abeilles et de guêpes ne vivent pas en colonie, mais seules. Ce sont des espèces solitaires. Tu peux essayer de les attirer avec un abri fait de roseaux épais de différents coloris. Colle les roseaux sous un rebord de fenêtre. Bouches-en une extrémité avec de la pâte à modeler.

L'ichneumon en action

Dans les régions sablonneuses, on voit parfois une sorte de guêpe tirant une chenille.

Il s'agit de l'ichneumon. La femelle traîne la chenille jusqu'à une galerie creusée dans le sol. Elle y dépose un œuf et rebouche la galerie. Le repas de la larve est ainsi servi !

Le fourmilion

Dans les régions sablonneuses, regarde les petites cavités en forme d'entonnoir creusées dans le sable meuble. Dans chaque cavité se terre une larve de fourmilion. Fais rouler quelques grains de sable dans la cavité. La larve pense qu'une fourmi tombe dans son piège et déploie ses mâchoires.

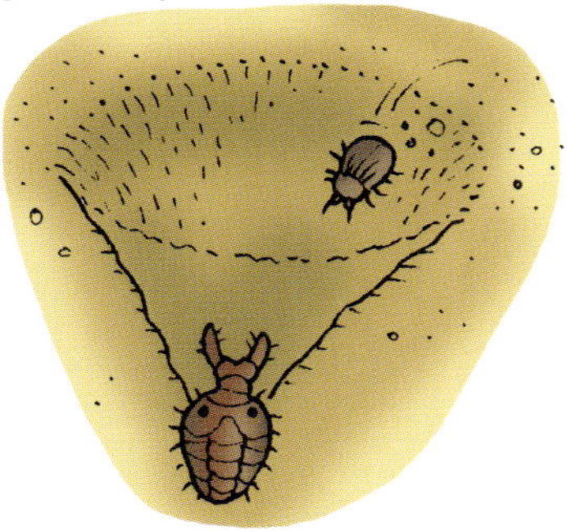

Des cigares pendants

Lève les yeux et regarde les feuilles des arbres et des buissons. Elles sont parfois totalement enroulées et ressemblent à des cigares pendants. C'est le travail de petits coléoptères appelés cigariers. Les femelles enroulent les feuilles et y déposent leurs œufs.

Œufs d'insectes

Tous les insectes ne construisent pas de nid pour leurs œufs. Certains œufs se trouvent à l'air libre, à même le sol.

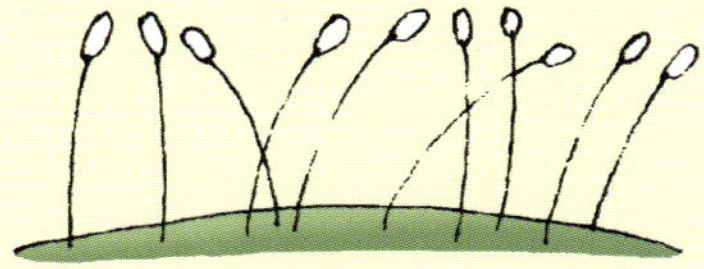

Les œufs de la chrysope sont le long de pédoncules.

La coccinelle pond des œufs jaunes.

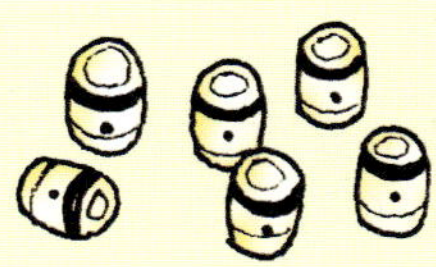

Les œufs des rhynchites ressemblent à des pots.

Noix de galle

De nombreuses noix de galle se trouvent principalement sur les feuilles de chêne. Si tu ouvres une galle, tu découvriras l'œuf ou la larve du cynips.
Dans une galle trouée, tu ne trouveras rien car l'habitant s'est déjà envolé !

Fourmis, guêpes et abeilles

Les insectes vivant en colonie construisent d'immenses nids.

Un amas de fourmis rousses

Dans les conifères ou sur les haies, il est possible de trouver des fourmilières construites par les fourmis rousses. Une fourmilière peut atteindre 1,5 m de haut sur 3 m de diamètre, mais la plupart sont de petite taille. Cette fourmilière abrite un réseau entier de galeries et de pièces souterraines.

Sentir l'acide formique

Les fourmis défendent leur nid en crachant de l'acide formique. Enfonce juste une fois une branche dans leur nid, retire-la et sens !

Fourmis ailées

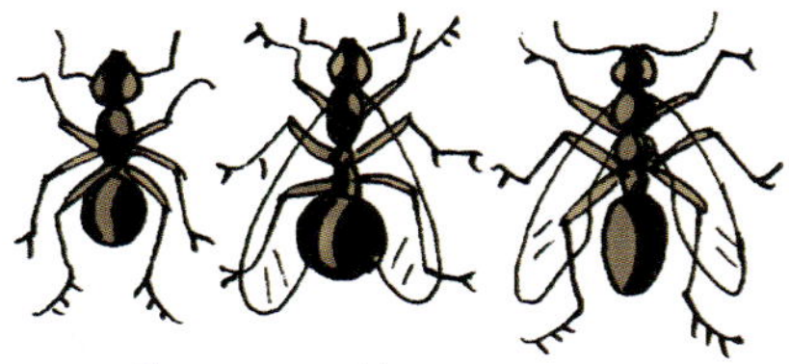

ouvrière *mâle* *reine*

En été, tu vois sortir, d'un trou dans le sol ou un mur en briques, des centaines de fourmis ailées. Il s'agit de tous les mâles et de quelques reines. Ils quittent leur nid pour copuler. Les mâles meurent et les femelles fondent une nouvelle colonie.

À la page 123, tu apprendras à construire une mini-fourmilière.

Les premiers fabricants de papier

Au printemps, si tu aperçois une guêpe sur un hangar à bois, tu dois absolument y regarder de plus près. Il y a de grandes chances pour qu'elle soit en train de gratter du bois. Avec ces copeaux, mélangés à de la salive, elle construit un nid en papier.

Nids de guêpes mini et maxi

Certaines guêpes sociables vivent en petite colonie et construisent donc de petits nids. On les trouve parfois dans un grenier ou suspendus au toit d'un hangar. S'ils sont vides, tu peux les dépendre pour les examiner de plus près.

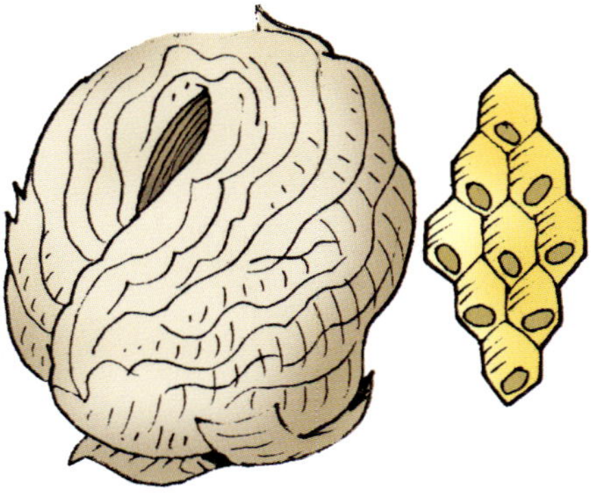

Tu peux aussi les conserver. D'autres, comme la guêpe commune, vivent en grand groupe. Ces colonies peuvent regrouper plus de cinq mille guêpes. Si tu trouves un de ces nids, reste à l'écart et préviens les pompiers qui viendront détruire le nid.

Les abeilles mellifiques et les guêpes peuvent piquer. Tu en apprendras plus à la page 71.

Ruches d'abeilles

Dans les haies, les vergers ou dans les endroits fleuris, les gens placent parfois des ruches. Si tu veux connaître le mode de vie des abeilles mellifiques et le processus de production du miel, il te suffit de rendre visite à un apiculteur (éleveur d'abeilles). C'est avec plaisir qu'il te parlera de ces petites bêtes et te laissera jeter un œil dans la ruche.

Chenilles et papillons

Les papillons se trouvent partout où des fleurs poussent.
Les chenilles vivent sur les plantes et les feuilles.

À la recherche des chenilles

Les chenilles se développent très vite. Cela est dû au fait qu'elles mangent énormément. Elles grignotent sans cesse des feuilles vertes. Si tu recherches des chenilles, tu dois faire attention aux feuilles tronquées. Les excréments en forme de petite boule noire trahissent leur présence.

Ne pas toucher !

Certaines chenilles sont venimeuses, d'autres ont des poils susceptibles d'irriter ta peau et de provoquer des démangeaisons. Pour enfermer des chenilles dans un pot (pour les élever), utilise une brosse.

Papillons de jour et de nuit

Certains papillons ne volent que le jour et d'autres la nuit. La différence entre les papillons de jour et ceux de nuit apparaît clairement lorsqu'ils sont au repos. Fais alors attention à la position de leurs ailes.

Mâle ou femelle ?

Les mâles des papillons de nuit possèdent des antennes pennées sur lesquelles reposent des cellules olfactives leur permettant de sentir la présence de femelles à des kilomètres.

Élever des papillons

Le petit renard est une espèce de papillon facile à élever.

Œufs

Pars à la recherche des œufs du petit renard de la fin avril jusqu'au mois de juin. Ils sont regroupés sous les feuilles d'ortie.

Coupe l'ortie et place-la dans ton hôtel pour insectes (voir à la page 122).

Chenilles

Après environ huit semaines, les œufs éclosent. Les petites chenilles doivent désormais manger chaque jour des orties fraîches. Rafraîchis de temps à autre la mousse du sol.

Chrysalides

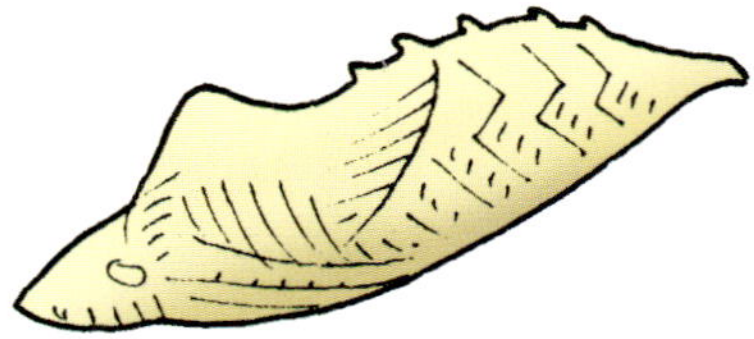

Après deux semaines, place quelques brindilles dans l'hôtel. Les chenilles sont prêtes à entrer dans leur chrysalide et cherchent dès lors des appuis solides. Certaines vont même se pendre au voile.

Papillons

En fonction de la température, les chrysalides s'ouvrent après huit jours (temps chaud) ou dix-huit jours (temps frais), et laissent apparaître les papillons adultes. Bien sûr, tu n'oublieras pas de relâcher les papillons après leur naissance !

Musiciens et lucioles

Écoute, tu entendras des grillons et des sauterelles. Pour les vers luisants, recherche les petites lumières par une belle soirée d'été.

De véritables violonistes

Les grillons chantent en frottant leurs ailes l'une contre l'autre.
Les sauterelles frottent leurs ailes sur leurs pattes.
Les vibrations sont perçues par une sorte de tympan situé sur les pattes antérieures chez les grillons et sur les pattes postérieures chez les sauterelles.

sauterelle

grillon

Les musiciens en visite

Y a-t-il dans ton hôtel pour insectes (voir à la page 122) un grillon ou une sauterelle ? Si oui, profite de leur passage pour enregistrer leurs chants.

Lueurs dans l'herbe

Les vers luisants ne sont pas des vers, mais des coléoptères. Les femelles ne portent pas d'ailes et peuvent uniquement ramper.

mâle

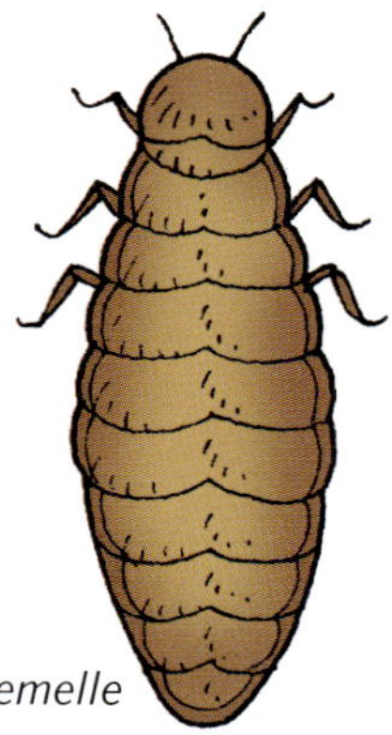

femelle

Pour attirer le mâle en vol, elles émettent une lueur à l'extrémité de leur abdomen. Le mâle est capable de voir cette lueur à 10 m.

Un ver luisant dans une coquille d'escargot

Il n'est pas rare d'observer un ver luisant dans une coquille d'escargot. Le ver luisant injecte un liquide dans l'escargot et suce ensuite le corps dissous de celui-ci.

Insectes piqueurs

Certains piquent ou sucent le sang.
Que faire ?

Poison féminin

Le dard des abeilles et des guêpes se trouve sur l'abdomen. Seules les femelles ont un dard relié à une glande à venin. Le dard de l'abeille mellifique est pourvu de barbelures. Si elle pique, elle meurt. Son dard et la pointe de son abdomen restent dans le corps de la victime.

abeille mellifique

guêpe domestique

Femelles moustiques suceuses

Chez les moustiques, ce sont également les femelles qui posent problème. Elles sucent le sang dans lequel elles trouvent les substances nécessaires pour leurs œufs. Comment peux-tu distinguer le mâle de la femelle ?

femelle

mâle

Prévenir les piqûres…

- Ne porte pas de couleurs vives ni de parfum, cela attire les insectes.
- Ne donne pas de coups brusques aux guêpes et aux abeilles. Se sentant alors menacées, elles peuvent piquer.
- Si tu fais une expédition dans un endroit très humide, enduis-toi d'une crème anti-moustiques. Tu peux également frotter ton visage, tes bras et tes jambes avec des feuilles de menthe ou du jus de citron.

… et les traiter

- Avec de l'ammoniaque (piqûres d'abeilles) ou du vinaigre (piqûres de guêpes).
- Avec du jus d'oignon ou du poireau cru.
- Avec une compresse d'huile d'olive ou d'eau salée.

Allergique aux piqûres ?

Certaines personnes sont très sensibles aux piqûres. Dans ce cas, il vaut mieux appeler un médecin.

À la découverte de la plage

La plage est l'endroit idéal pour une chasse aux trésors !

Où ?

Tu effectueras la plupart de tes découvertes dans le sable humide. Il s'agit de la bande de sable qui, deux fois par jour (par marée haute), est recouverte d'eau de mer. L'endroit où le sable humide se transforme en sable sec s'appelle la ligne intercotidale. Là, à marée basse, la mer laisse tout derrière elle.

Quand ?

- À marée basse (reflux) la portion de sable humide est plus grande.
- Après une tempête : la mer est encore plus puissante pour transporter toutes sortes de choses.
- Si le vent vient de l'intérieur du pays : un courant sous-marin rejette de nombreux coquillages sur la plage.

Comment ?

- Avec une épuisette, pour attraper les crevettes.

- Avec une pelle, pour déterrer les vers de plage.
- Avec une loupe, pour tout examiner en détail.
- Avec des petits sacs et des petits pots, pour conserver tes trouvailles.

Flux et reflux

Si tu souhaites explorer la plage, tu dois être au courant des horaires des marées.

marée basse *6 heures flux* *marée haute* *6 heures reflux* *marée basse*

Pendant que la Terre tourne, le Soleil et la Lune l'attirent. Cette force d'attraction est si importante que la mer effectue un mouvement de va-et-vient, en fonction de la situation du Soleil et de la Lune. Ce qui provoque le mouvement de la marée. Si la mer coule vers la plage, nous parlons de flux ou de marée montante. Si elle s'éloigne de la plage, nous parlons de reflux ou de marée descendante.

Pétrole polluant

N'oublie pas que de nombreuses plages sont victimes de la pollution pétrolière. Mets donc toujours de vieux vêtements ! Si tu trouves un oiseau englué dans le pétrole mais vivant, préviens la municipalité. N'essaie pas de soigner l'oiseau tout seul. C'est le travail des centres ornithologiques.

Conseils de sécurité à la mer

- Porte des baskets qui te protègent des coupures.
- Ne touche jamais des animaux de mer avec les mains nues. Certains sont venimeux (méduses), d'autres peuvent pincer (crabes).
- Ne mets jamais tes mains dans un trou ou une crevasse. Un animal pas si inoffensif que ça peut s'y cacher.
- Nage uniquement dans les zones surveillées, là où c'est permis.

À la recherche de coquillages

Certains coquillages vivent entre deux coquilles,
d'autres dans une seule coquille.

Coquilles abandonnées

Les habitants des coquilles que tu trouves sur la plage sont généralement morts. Ils ont été mangés, par exemple par des oiseaux de mer.

Porte verrouillée

Les bivalves peuvent verrouiller leur maison. Essaie d'ouvrir une coque sans couteau : tu n'y arriveras pas. En effet, un verrou actionné par un puissant muscle adducteur se trouve sur les deux valves.

Certaines mouettes parviennent à ouvrir les coquillages en les laissant tomber sur les pierres des brise-lames.

Nourrir des coquillages

Remplis un bocal avec du sable jusqu'à la moitié et le reste avec de l'eau de mer. Mets-y ensuite le coquillage vivant. Il va s'enfoncer, mais laissera apparaître deux petits tuyaux (siphons) au-dessus du sable. Si, ensuite, tu verses

quelques gouttes de soupe dans l'eau au-dessus du coquillage, tu verras que le flux de nourriture entrera dans l'un des deux siphons.

Compter les anneaux

Les coquilles grandissent en même temps que les animaux. C'est ainsi que de plus en plus d'« anneaux de croissance » apparaissent.

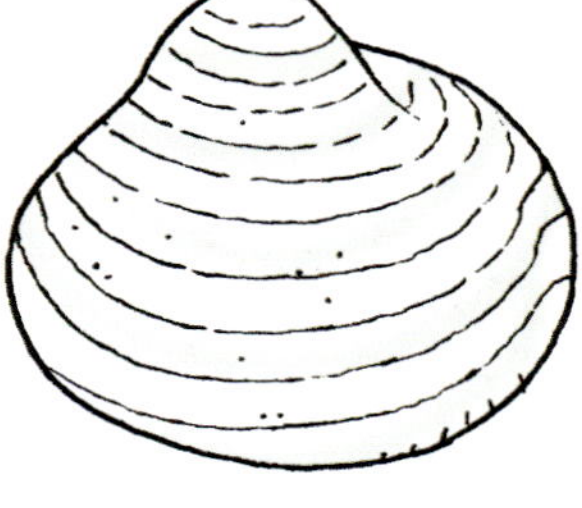

Coquillages avec un trou

On trouve parfois un coquillage avec un petit trou. C'est l'œuvre de la nasse. Ce mollusque perce un petit trou dans la coquille avec sa langue rugueuse et suce la nourriture avec sa trompe.

Une demi-maison

Si tu coupes une coquille d'escargot avec une scie à métaux, tu apercevras un joli escalier en colimaçon.
En sciant, fais bien attention à tes doigts. Il est plus prudent de placer la coquille dans un étau. Par exemple, entre deux mouchoirs pliés.

Un buccin amplificateur

Si tu portes un grand buccin à ton oreille, tu entendras le murmure de la mer. En réalité, tu entends une amplification du bruit de fond. Dans ta chambre, tu entendras aussi le murmure de la mer !

Le coquillage géant

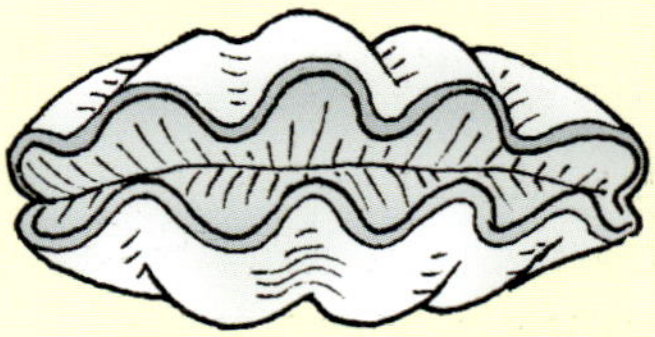

Le coquillage des fonts baptismaux mesure plus de 1 m de long et pèse plus de 300 kg. Il s'agit du plus grand coquillage au monde.
Il vit dans les eaux chaudes de l'océan Indien et de l'océan Pacifique.

Une collection de coquillages

Tu trouveras ci-dessous quelques astuces pour obtenir une jolie collection de coquillages.

• Ne ramasse que les coquillages intacts, sans le moindre défaut.

• Laisse les coquillages pendant une journée dans un bac rempli d'eau du robinet et nettoie-les avec une brosse à dents.

• S'il y a encore des restes d'animaux dans les coquillages, enlève-les. Ce sera plus facile si tu fais cuire les coquillages pendant cinq minutes dans l'eau.

• Laisse bien sécher les coquillages, mais pas au soleil, où ils pourraient se décolorer.

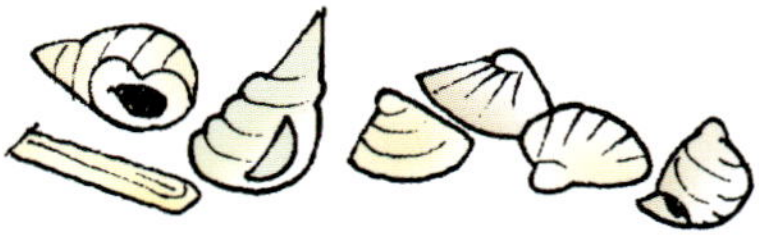

• Noue les doubles coquilles pendant le séchage avec un élastique, afin de leur donner une belle apparence.

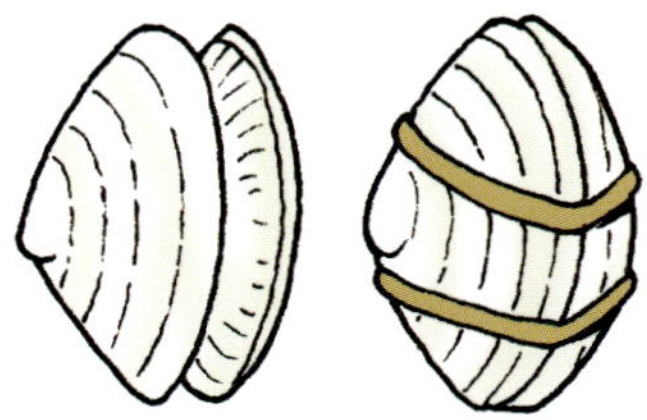

• Frotte les coquilles séchées avec de l'huile alimentaire qui maintiendra leur éclat.

• Range les coquilles dans des boîtes d'allumettes que tu colleras sur une planche en bois ou en carton.

• N'oublie pas de noter le nom et le lieu de découverte de la coquille.

Guide des coquillages

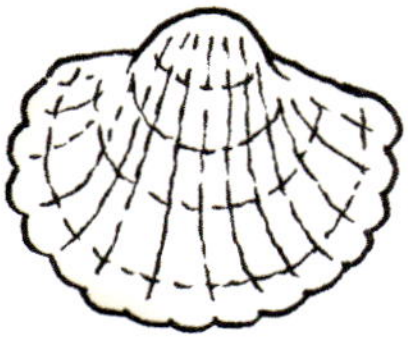

coque
Grandeur : max. 5 cm

moine
Grandeur : max. 3 cm

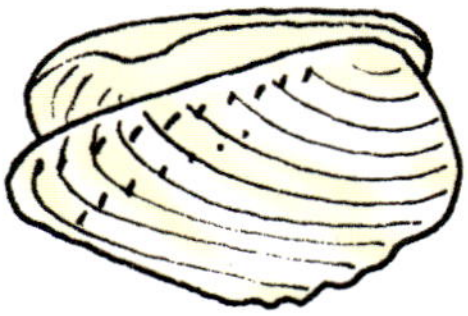

lithodome
Longueur : max. 7 cm

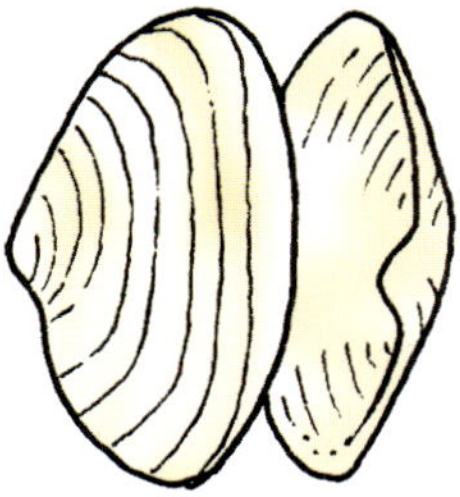

clanque
Longueur : max. 12 cm

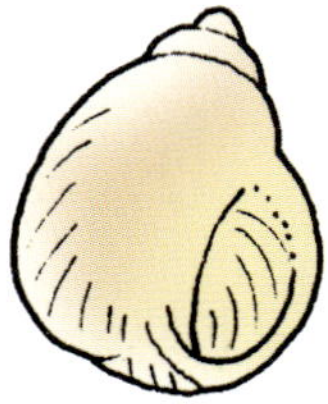

bigorneau
Hauteur : max. 4 cm

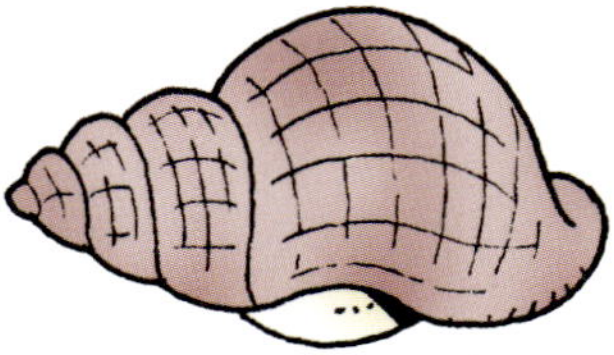

buccin
Longueur : max. 11 cm

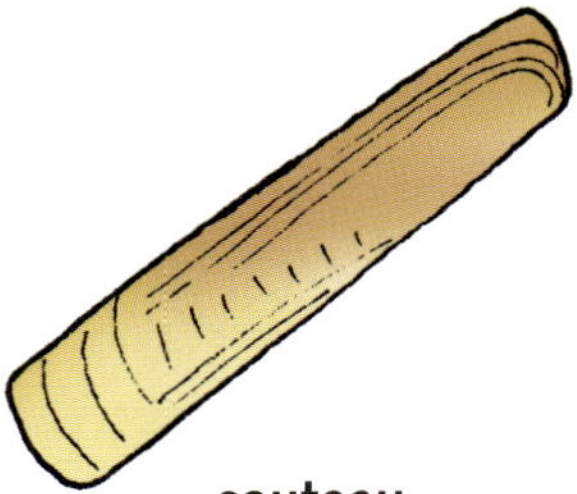

couteau
Longueur : max. 14 cm

scalaire
Longueur : max. 4 cm

pied-de-pélican
Longueur : max. 5 cm

Crabes et autres crustacés

Les crabes et autres crustacés ne vivent pas uniquement dans les profondeurs de la mer !

Puces de mer

Sur la ligne intercotidale, entre les algues marines en putréfaction, tu trouveras des puces de mer. Elles sautent dès qu'on les approche. Ce sont des petits crustacés.

La carapace du crabe

Si tu trouves une carapace de crabe vide sur la plage, ne crois pas que le crabe est mort. Les crabes grandissent, mais pas leur carapace. Si elle devient trop petite, le crabe la rejette. Une nouvelle carapace se trouve déjà sous l'ancienne.

Comment attraper un crabe ?

Noue un morceau de viande ou de poisson à une corde et fais balancer celle-ci à l'entrée d'une cavité entre deux pierres sur un brise-lames. Si le crabe mord à l'appât, tire immédiatement la corde.

À la pêche aux crevettes

Dans les flaques, tu peux aller à la recherche des crevettes. Elles sont toutefois très difficiles à repérer. En effet, elles savent adapter leur couleur à celle du sol. Elles sont donc grises sur le sable gris et brunes sur le sable brun.

Posséder son propre filet à crevettes

Pour attraper des crevettes et autres animaux marins dans les flaques sur la plage, un filet à crevettes te rendra d'énormes services. Avec ce filet, tu chasses d'abord les petits animaux sur le fond.
Ils se dirigent ensuite d'eux-mêmes dans le filet. Défais le nœud au-dessus d'un seau et laisse tomber ton butin dedans.

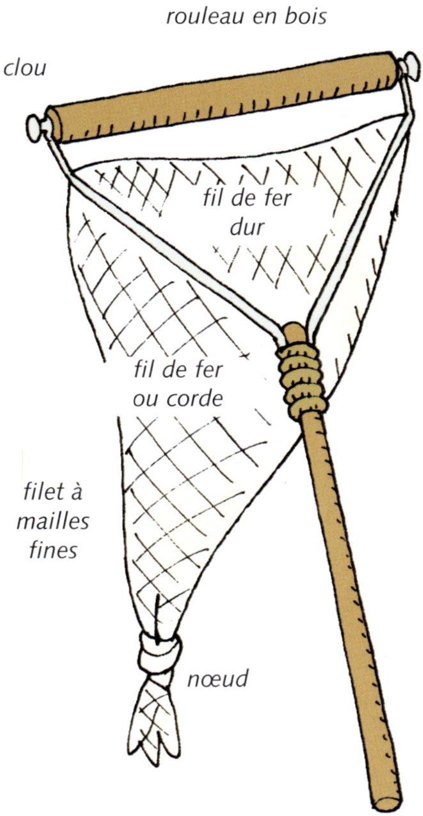

Maison à louer

Regarde bien les coquilles de buccin. Tu y trouveras peut-être un bernard-l'ermite.

Ce crustacé habite dans les coquillages vides où il loge son corps mou. S'il se sent menacé, il sort sa grande pince de droite. Il ferme ainsi sa maison aux intrus. Bien sûr, sa petite maison ne grandit pas en même temps que lui. Il en change donc périodiquement.

Tu peux observer des animaux marins dans une cuvette. Regarde à la page 55.

Vers de plage

Différents vers habitent dans le sable humide.

À la recherche des cheminées

De nombreux vers de plage vivent dans des cheminées qu'ils construisent eux-mêmes.

La **telline** maçonne sa maison avec des morceaux de coquille, des grains de sable ainsi que de la glaire.

Le **pecten** construit sa cheminée avec des grains de sable et de la glaire. Le mur a l'épaisseur d'un grain de sable.

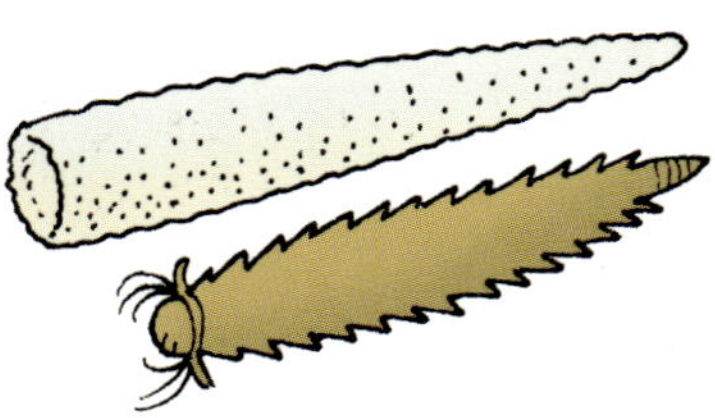

La **serpule** construit sa maison avec du calcaire sur les pierres, les coquilles, les carapaces…

Cavités et saucisses

Une cavité en forme d'entonnoir et une saucisse de sable enroulée… Tu as trouvé la maison de l'arénicole. Elle vit dans le sable en forme de U.

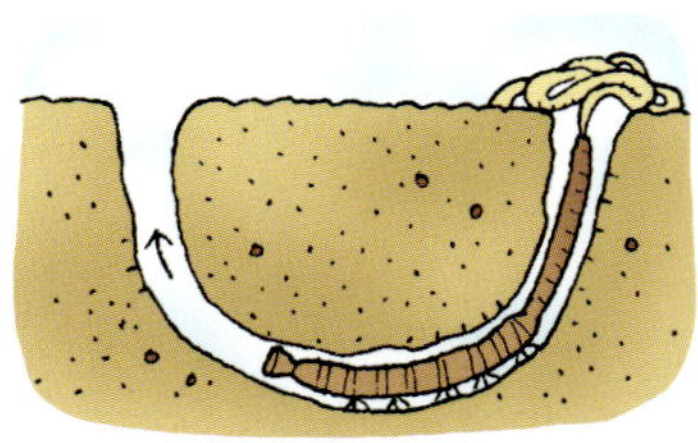

L'arénicole a les mêmes habitudes alimentaires que le lombric : elle avale la boue et en retire les éléments nutritifs. Elle transforme le reste en « saucisses de sable » qu'elle expulse.

La néréide

Examine bien une néréide à la loupe. Tu découvriras qu'elle n'a pas de vraies pattes, mais plutôt des protubérances qui lui permettent de ramper.

Sur les brise-lames

De nombreux animaux marins se fixent volontiers sur les brise-lames.

Observer les balanes

Les balanes se fixent sur différents types de sols. Tu peux très bien les observer sur les pierres ou le bois d'un brise-lames. Tu en trouveras aussi souvent sur une coquille de moule. Chaque petit animal vit dans une maison de calcaire.

Recherche un petit objet recouvert de balanes et mets-le dans un petit pot en verre. Ensuite, verse de l'eau de mer. Sous l'eau, les balanes ouvrent leur porte. Elles sortent leurs filaments ou cirres pour trouver de la nourriture dans les environs.

Moules barbues

Les moules sont solidement attachées grâce à leurs barbes. Essaie de détacher une moule ainsi fixée ! Les vrilles ou byssus sont produits par la moule sous forme de liquide épais. Ce liquide épais se durcit au contact de l'eau.

Bigorneaux herbivores

Sur les brise-lames, tu trouveras de nombreux bigorneaux. Ils y mangent des algues.

Attention : ne pas manger !

Avant, les hommes pêchaient des moules et des bigorneaux pour les cuire et les manger à la maison.
Aujourd'hui, ne le fais plus à cause de la pollution.

Dans les rochers

La plupart des animaux marins sont visibles en groupes sur les côtes rocailleuses.

Anthozoaires

Écume les rochers juste sous le niveau de l'eau et recherche les anémones de mer. Elles ressemblent à des fleurs, mais ce sont des animaux apparentés aux méduses. Elles ont un domicile fixe et ne se déplacent pas. Avec leurs tentacules remplis de cellules urticantes, elles attrapent les petits animaux qui passent à proximité. Tu peux observer ce phénomène en liant un bout de viande au bout d'une ficelle et en l'agitant près des tentacules. Certaines anémones de mer se trouvent si haut sur les rochers qu'au moment du reflux, elles se trouvent au-dessus de l'eau.

Oursins

Les oursins ont des pattes en forme de tuyau avec une grande puissance d'aspiration. Ils peuvent ainsi ramper à la verticale sur les rochers. Avec leurs cinq dents puissantes, ils mangent les algues et les bryozoaires. Leurs épines les protègent contre les ennemis.

Sous les épines se trouve une jolie carapace que l'on retrouve souvent sur la plage après une tempête. Les bulles blanches indiquent l'emplacement des épines.

Trompe-l'œil

La lumière se comporte différemment dans l'eau et dans l'air. Les animaux et les plantes que tu examines dans une mare sont quelque peu déformés. La mare semble aussi plus profonde.

Avec cinq bras

Les étoiles de mer n'ont pas de tête. Leur bouche se situe sous leur corps et leurs « yeux » sur les bras. Il ne s'agit pas de vrais yeux, mais de petites têtes photosensibles. Pour regarder, les étoiles de mer lèvent souvent un bras, mais elles ne distinguent que la différence entre le clair et le foncé.

Marquer les patelles

Les patelles sont visibles sur les rochers au moment du reflux. Elles ont toutes un domicile fixe.

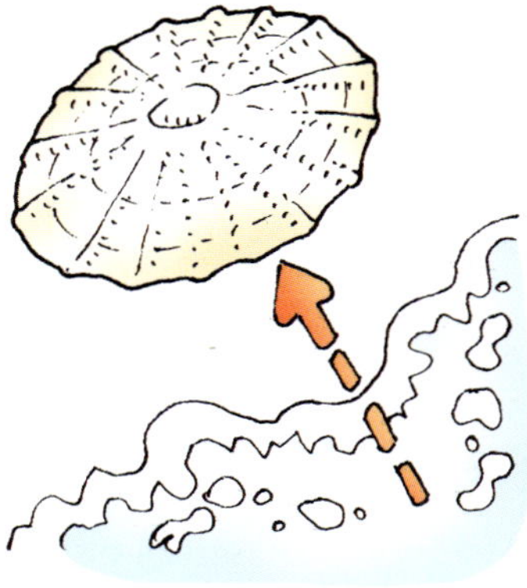

Au moment du reflux, marque quelques patelles avec un marqueur (utilise un marqueur résistant à l'eau). Marque aussi l'endroit où elles se trouvent. Au moment du flux, les patelles quittent leur endroit attitré pour manger des algues qu'elles trouvent sur les rochers. Si tu reviens le lendemain au reflux, tu les retrouveras à leur place initiale !

Algues ou animaux

Dans les rochers, on trouve aussi des algues. Mais ne te trompe pas : il existe de minuscules animaux, vivant en colonies, qui ont la forme d'une feuille. Chaque petit animal a sa propre petite pièce et sort ses tentacules pour manger. Examine la « feuille » à la loupe pour savoir s'il s'agit d'une algue ou d'un animal.
S'il s'agit de bryozoaires, tu verras de petites « pièces ».

La plage et ses trésors

Même sur la plage, tu peux obtenir des renseignements sur les habitants des mers !

Méduses épineuses

La plage n'est pas leur vraie maison, mais elles viennent parfois s'y échouer. Mieux vaut ne pas les déranger parce que de nombreuses espèces sont armées de cellules urticantes remplies de poison. C'est ainsi qu'elles paralysent ou tuent leurs proies.

Si la méduse est encore en vie, tu peux la ramasser avec une pelle et la remettre à l'eau. Tu verras peut-être comment elle nage. En effet, elle nage en ouvrant et fermant sa grande « cloche » en forme de coupole. Mais elle se laisse souvent porter par le courant.

Raisins inconsommables

Parfois, tu trouveras une grande masse de « raisins de mer ». Leur corps est aussi transparent que celui des méduses. En raison de leurs huit « côtes », ceux-ci sont appelés « cténaires ». Les prédateurs chassent les crevettes et les larves des poissons.

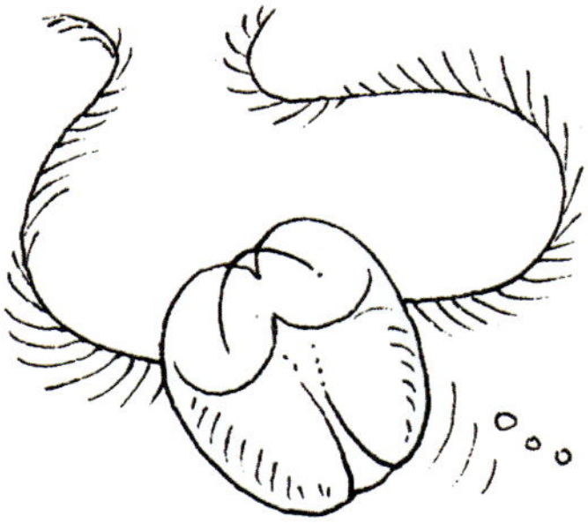

Os de seiche

Il s'agit de la carapace de la seiche. C'est une espèce de « coquille interne » qui soutient le corps de ce mollusque. D'autres mollusques ont une coquille externe pour protéger leur corps mou.

Pour le canari

Savais-tu que les canaris raffolent des os de seiche ? Rince bien l'os de seiche, laisse-le sécher et donne-le au canari. Il s'empressera de le picorer. Et en plus, c'est sain !

roussette avec coquille d'œufs

Drôles de bourses

Tu apercevras, sur le sable, de petits sacs bruns ou noirs avec des excroissances aux quatre coins. Il s'agit des coquilles d'œufs de roussettes et de raies.

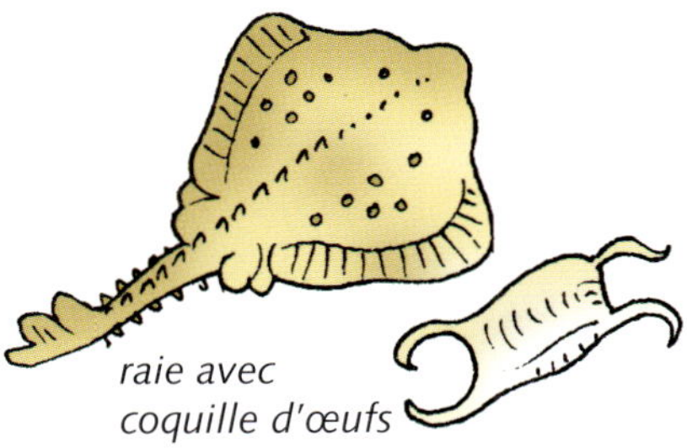

raie avec coquille d'œufs

Les roussettes et les raies viennent au monde dans une sorte de petite bourse. Ces bourses s'accrochent aux algues marines grâce à leurs protubérances. Dans chaque petite bourse se trouve un jeune, minuscule. Après quelque mois, le jeune fait éclater la coquille et rejoint la mer.

Cachalots échoués

Le cachalot est un cétacé. Le mâle atteint facilement 18 m de long et peut peser 44 tonnes. Sa tête représente plus de la moitié de son corps. De temps en temps, les cachalots viennent s'échouer sur nos côtes. Certains scientifiques pensent que leur système d'orientation est déréglé par des substances nocives.

À la découverte des plantes

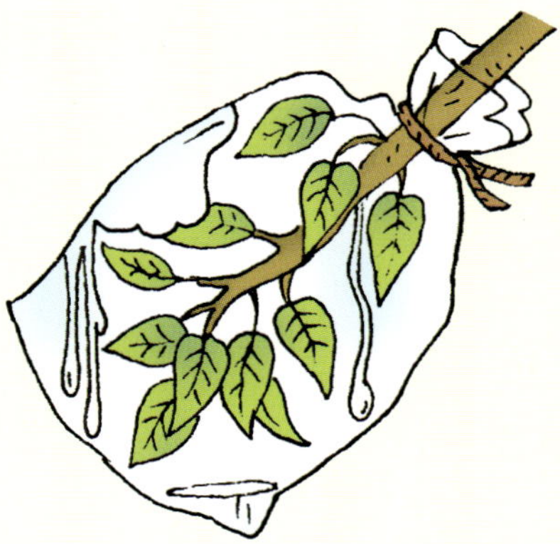

Les plantes omniprésentes

Des plantes poussent dans tous les biotopes, mais il ne s'agit pas des mêmes plantes…

Différents biotopes

Tu ne connaîtras jamais parfaitement un biotope si tu ne connais pas ses différentes plantes. Recherche leur nom dans un guide des plantes. Ou confectionne un herbier pour chaque biotope. En te promenant, tu découvriras une multitude de choses intéressantes. Tu apprendras ainsi que la présence de roseaux indique la proximité de l'eau, que les fleurs poussent uniquement en automne dans le bois, que les amanites tue-mouches se trouvent sous les bouleaux…

Une grande variété

Fais aussi attention aux plantes volubiles et grimpantes, aux plantes herbacées, aux fougères, aux mousses, au lichen, aux champignons… Tu peux les regarder, mais aussi les sentir et les toucher. Tu augmenteras ainsi tes connaissances.

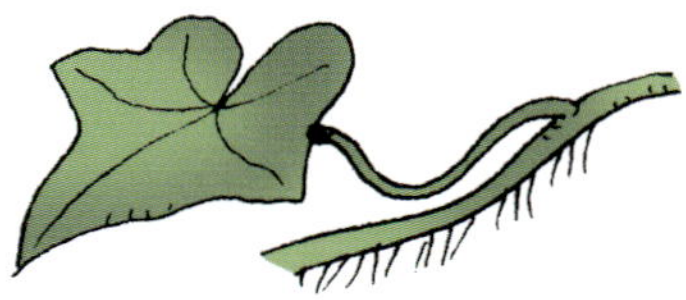

Le lierre grimpe en direction de la lumière. Vois-tu les racines sur les tiges ?

Les fougères se reproduisent grâce aux spores, qui se trouvent en dessous des feuilles.

Le lichen est plus dur que la mousse. Tu le trouveras uniquement où l'air est pur.

Collectionner les plantes

Si tu aimes regarder les fleurs, tu voudras sûrement les ramener chez toi et les conserver…

Trois règles d'or de la cueillette

- Ne cueille que les plantes présentes en quantité.
- Ne cueille pas plus que tu n'en as besoin.
- Ne cueille pas au hasard, mais plutôt par-ci par-là, pour que ton passage reste inaperçu.

Constituer un herbier

Un herbier est un ensemble de plantes séchées que l'on place sur du papier. Il sert de support pour l'étude et la comparaison des plantes. Inscris le nom de chaque plante, l'endroit de sa découverte et la date de cueillette. Tu peux également y coller des graines.

Sécher les plantes et les feuilles

Si tu n'as pas l'intention de faire sécher régulièrement des plantes et des feuilles, il te suffit d'avoir un vieil annuaire téléphonique sur lequel tu places un poids lourd. Une presse à fleurs est bien plus pratique. Tu peux en construire une avec deux planches de multiplex, avec des trous dans les angles, pour y introduire quatre longs écrous à ailettes. Utilise du papier buvard pour le séchage.

Un bain de sable pour fleurs

Lors du séchage dans une presse à fleurs, les plantes sont aplaties. Si tu souhaites les conserver dans leur forme originale, sèche-les dans un bain de sable comme on sèche les champignons (voir à la page 105).

Feuillus et conifères

Les arbres sont les géants parmi les plantes. Ce sont les plus grands êtres vivants de notre planète.

Mesurer leur taille

Avec un long tube en carton, un mètre avec une marque tous les 10 cm et un assistant, tu peux mesurer la hauteur d'un arbre. Assieds-toi à une certaine distance de l'arbre et regarde la cime par le tuyau. L'assistant tient le mètre à la verticale. Applique ensuite la formule suivante : (BC x AD) : AB

Le plus grand arbre

Le plus grand arbre du monde est un séquoia. Il mesure plus de 111 m de haut. Si tu veux le voir, tu dois te rendre en Californie, aux États-Unis. Dans nos régions, les arbres ne sont pas si grands, mais tu ne les égaleras jamais !

60 m :	Sapin de Douglas, sapin argenté
50 m :	Chêne, hêtre, pin sylvestre
40 m :	Tilleul, mélèze, frêne
30 m :	Châtaignier, peuplier, bouleau, platane, pin
25 m :	Marronnier, charme
15 m :	Sorbier commun
10 m :	Noisetier

Feuillu ou conifère ?

Un arbre à feuilles caduques est un feuillu et un conifère a des aiguilles ou des écailles.
Chez nous, la plupart des arbres à feuilles caduques perdent leurs feuilles en automne. Les conifères restent verts, à l'exception du mélèze.

Sapin ou épicéa ?

De nombreuses personnes pensent que l'arbre de Noël est un sapin. C'est faux. L'arbre de Noël est un épicéa. Cela se voit à ses courtes aiguilles et à ses cônes.

sapin *épicéa*

Un vrai arbre de Noël

Pour le prochain Noël, achète un vrai arbre de Noël avec une « motte ». C'est-à-dire avec ses racines. Tu pourras le replanter dans ton jardin après les fêtes de Noël.

Collectionner les écorces

L'écorce du tronc et des branches est comparable à ta peau.
Elle protège l'arbre contre les moisissures, la vermine et toutes sortes de maladies. L'écorce varie d'un arbre à l'autre. Tu peux en faire une gravure avec du papier et du pastel.

Arbres au vent

Va te mettre contre le tronc d'un arbre isolé et regarde en l'air. La forme de la cime t'indiquera d'où vient le vent la plupart du temps.

Guide des arbres

hêtre
Hauteur : max. 40 m
Floraison : avril-mai

marronnier
Hauteur : max. 30 m
Floraison : mai-juin

châtaignier
Hauteur : max. 30 m
Floraison : juillet

chêne rouvre
Hauteur : max. 50 m
Floraison : avril-mai

chêne d'Amérique
Hauteur : max. 30 m
Floraison : avril-mai

tilleul
Hauteur : max. 40 m
Floraison : juin-juillet

peuplier du Canada
Hauteur : max. 30 m
Floraison : mars-avril

frêne
Hauteur : max. 40 m
Floraison : avril-mai

sureau
Hauteur : max. 10 m
Floraison : juin-juillet

érable sycomore
Hauteur : max. 30 m
Floraison : avril-mai

platane
Hauteur : max. 30 m
Floraison : mai-juin

charme
Hauteur : max. 25 m
Floraison : avril-mai

bouleau
Hauteur : max. 30 m
Floraison : avril-mai

saule
Hauteur : max. 15 m
Floraison : mars-avril

mélèze
Hauteur : max. 40 m
Floraison : mars-avril

pin sylvestre
Hauteur : max. 40 m
Floraison : mai-juin

épicéa
Hauteur : max. 60 m
Floraison : mai-juin

sapin argenté
Hauteur : max. 50 m
Floraison : avril-mai

Jeunes et vieux arbres

Les arbres sont des durs à cuire. Certains existaient déjà avant le début de notre ère !

Quel âge a cet arbre ?

Tu peux évaluer l'âge d'un arbre en mesurant la circonférence de son tronc. Le tronc de tous les arbres isolés s'épaissit chaque année de 2,5 cm. Si l'arbre vit près d'un autre, il s'épaissira d'environ 1,25 cm. Comment faire pour évaluer son âge ? Mesure la circonférence de l'arbre (en cm) en

passant une ficelle autour de son tronc à 1,50 m du sol. Divise ce nombre par 10 et multiplie-le par 4 (pour les arbres isolés) ou par 8 (pour les arbres des forêts).
Tu connaîtras ainsi approximativement l'âge de l'arbre.

Compter les couronnes

Pour calculer l'âge d'un épicéa, il existe une autre méthode. Compte le nombre de couronnes de branches, en ajoutant 4 ans qui correspondent aux 4 années « d'enfance ».

Un anneau par an

Si tu trouves un arbre abattu, tu pourras compter les cernes annuels. Chaque année, le tronc forme deux anneaux de bois juste sous l'écorce : un clair et un plus foncé. L'anneau clair, « bois précoce », a poussé au printemps et est tendre. Le plus sombre a poussé en été et en automne et est plus robuste. En comptant les anneaux plus sombres, tu connaîtras l'âge de l'arbre.

Des secrets, encore des secrets…

Les cernes annuels sur les troncs révèlent bien d'autres secrets. Tu peux en déduire l'histoire de l'arbre. Par exemple, l'année où il a été endommagé par le feu.

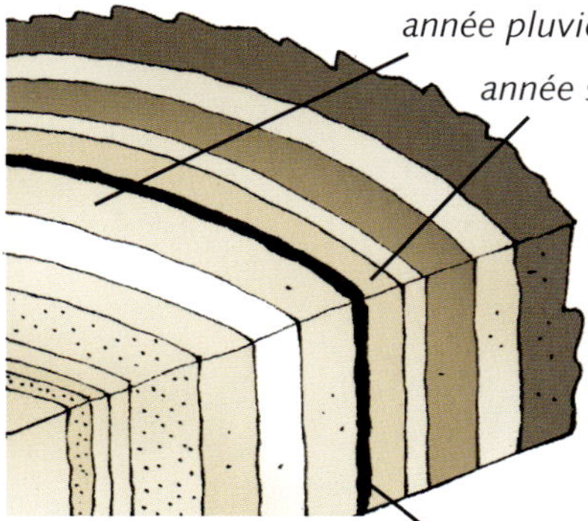

Astuce pour explorateurs égarés

Recherche un tronc d'arbre avec des cernes annuels évidents. De quel côté se trouvent les cernes les plus larges ? Ce côté indique le sud. C'est de là que l'arbre reçoit le plus de lumière.

L'aîné des arbres

Le plus vieil arbre du monde s'appelle Mathusalem, un pin de Californie (États-Unis). Il a plus de 4 700 ans ! Chez nous, les arbres ne sont pas si vieux, mais s'ils pouvaient parler, ils pourraient nous raconter une multitude de choses sur l'histoire du pays !

700 ans :	Érable, tilleul, châtaignier
500 ans :	Chêne, sapin de Douglas, platane
400 ans :	Épicéa
350 ans :	Orme, mélèze, sapin argenté
300 ans :	Marronnier, hêtre, pin
250 ans :	Frêne, peuplier
150 ans :	Noyer, bouleau
100 ans :	Charme, sorbier

Feuilles d'arbres

Un arbre a des milliers de feuilles. Celles-ci sont toutes différentes d'un arbre à l'autre.

Les feuilles et l'humidité

Sous les arbres, l'air est plus frais et humide. Un bouleau adulte peut répandre jusqu'à 400 litres d'eau dans l'air.
Cette eau qu'il a absorbée avec ses racines est rejetée via ses feuilles. Pour en être convaincu, attache un sac en plastique autour d'une branche feuillue.

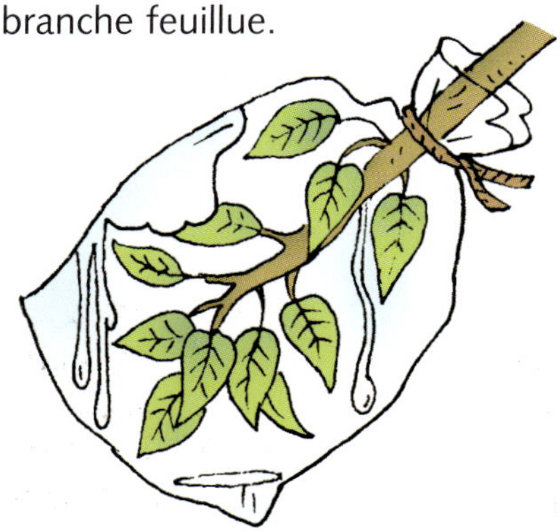

Copie de feuilles

Pour copier des feuilles, tu n'as pas besoin d'une photocopieuse. Pose une feuille sur un morceau de papier, tiens-la fermement et frotte le papier. En retirant la feuille, tu apercevras une copie conforme, mais blanche, de la feuille.

À la page 89, vois comment sécher des feuilles.

Des impressions de feuilles

Prends une feuille solide et étends son dos sur une couche de cirage ou de peinture. Pose ensuite la feuille, la face enduite par-dessous, sur un morceau de papier et recouvre-la avec un autre papier. Presse bien et, ensuite, retire le papier et la feuille.

Feuilles d'automne

En automne, les feuilles changent de couleur et tombent.

L'arbre se prépare ainsi à l'hiver. Sans ses feuilles, grandes consommatrices d'eau, l'arbre peut compenser le manque d'eau. Les couleurs automnales diffèrent d'un arbre à l'autre. Insère une feuille d'automne dans ton herbier.

Un cadeau précieux

Les plantes fabriquent leur propre nourriture. À l'aide de la lumière solaire, les feuilles vertes transforment le dioxyde de carbone et l'eau en sucre. C'est ce que nous appelons la « photosynthèse ». Au cours de la photosynthèse, les feuilles produisent un sous-produit appelé oxygène. C'est cet oxygène qui nous maintient en vie.

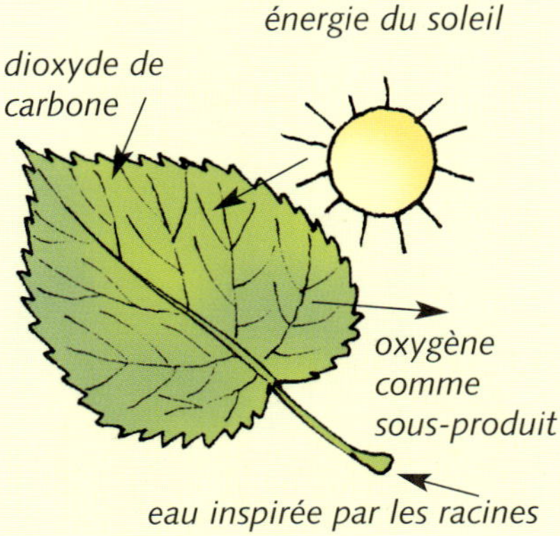

Feuilles d'hiver

En hiver, la plupart des arbres feuillus sont dénudés. Mais les bourgeons sont déjà présents. Tu les apercevras immanquablement sur le marronnier. Mets quelques branches de marronnier dans un seau d'eau. Tu pourras suivre l'évolution des feuilles au jour le jour.

Nervures

L'hiver est également propice à la recherche des nervures. Tu découvriras que le vert a déjà disparu : c'est l'œuvre des moisissures et des bactéries de décomposition. Seules les parties résistantes, les nervures, survivent. Jusqu'à ce qu'elles se décomposent aussi.

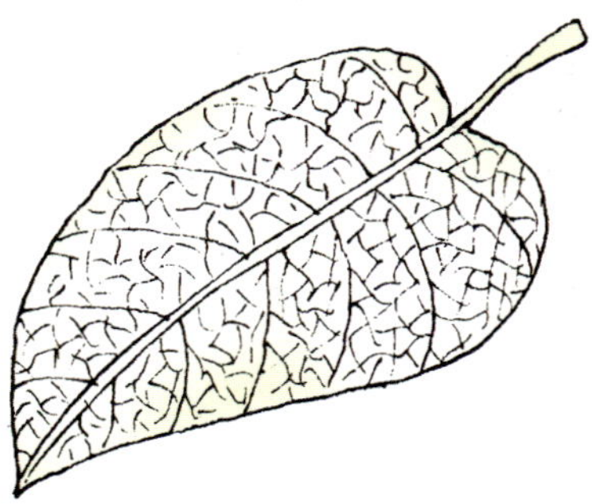

Fleurs

Les fleurs existent dans toutes les formes et couleurs.
Elles n'ont qu'une seule fonction : attirer les insectes !

Un guide floral pratique

Pour trouver le nom des nombreuses fleurs que tu rencontreras durant ton expédition, un guide floral pratique est indispensable. Choisis un guide qui les classe par couleurs. Cela t'évitera de perdre du temps.

Les parties de la fleur

Les guides floraux donnent souvent des indications sur les pétales colorés, les sépales verts, le pistil et les étamines. Tu dois bien sûr être capable de les reconnaître.

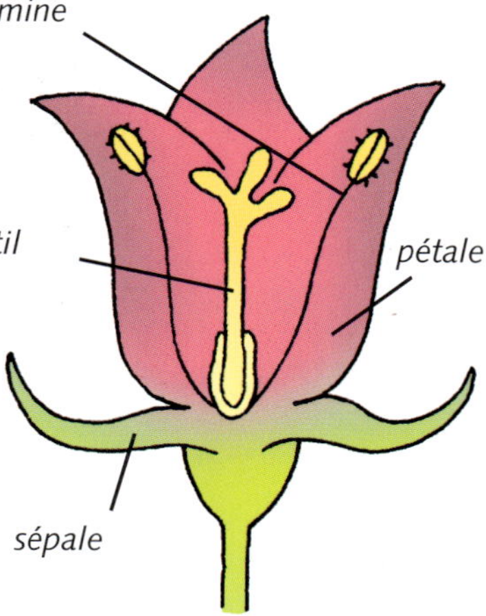

Suivez la flèche

De nombreuses fleurs, comme cette violette, ont des « guides de nectar ». Il s'agit de taches ou de traits qui indiquent aux insectes le chemin pour atteindre le cœur de la fleur, où se trouve le nectar sucré. En échange, les insectes transportent du pollen vers les autres. C'est la « pollinisation ».

Imiter un insecte

Un bleuet se compose de plusieurs petites fleurs. Si un insecte atteint l'intérieur d'une de ces petites fleurs, le nectar sucré blanc sort. Tu peux toi-même essayer, en touchant une petite fleur avec une épingle.

Un réveil fleuri

Les plantes ont une horloge biologique. Elles savent quand il est temps d'ouvrir ou de fermer leurs fleurs. Certaines fleurs sont si précises que tu pourrais t'en servir comme réveil. Un réveil fleuri en quelque sorte !

Adorateurs du soleil

Toutes les plantes ne règlent pas leur ouverture et leur fermeture en fonction de leur horloge biologique. La pâquerette ne s'ouvre pas sans soleil.

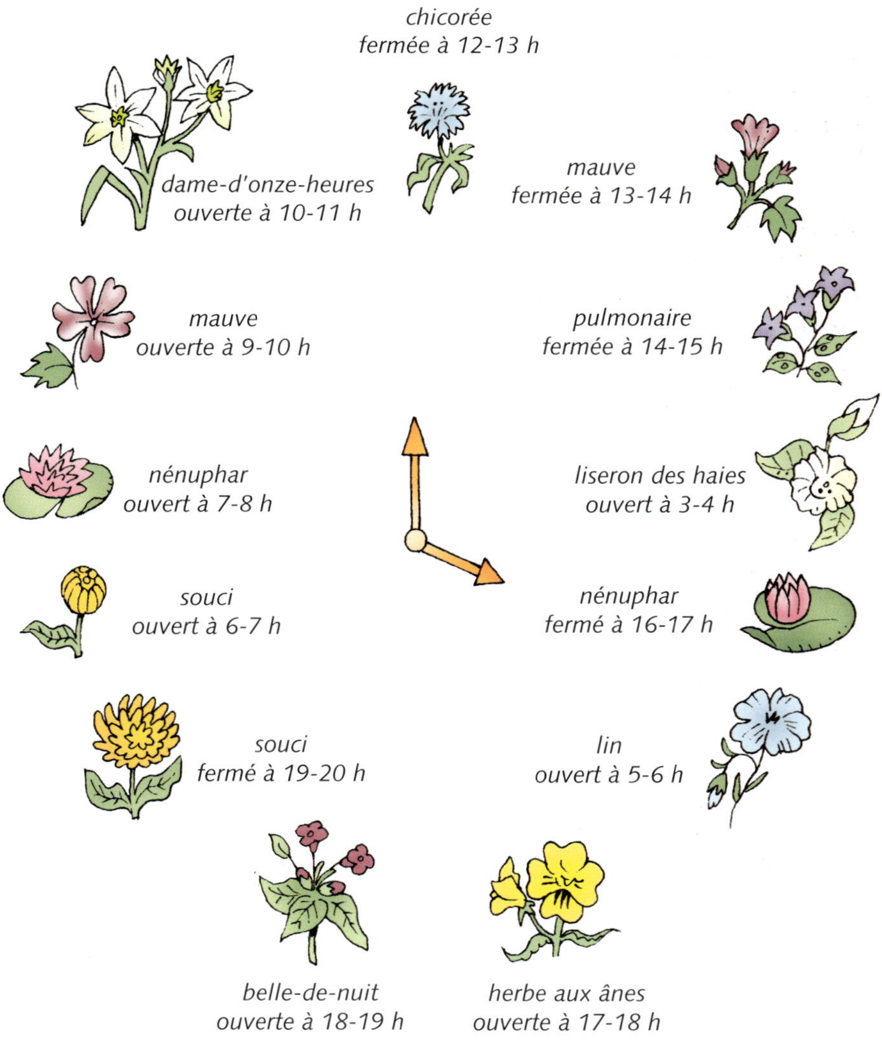

Parfums et couleurs

Les couleurs et les parfums des fleurs invitent à la pratique d'une multitude d'activités.

Parfums attirants

Les insectes sentent les fleurs mieux que nous. Les fleurs ne sentent pas seulement pour toi, mais surtout pour les insectes qui les butinent.

Le chèvrefeuille, une plante qui s'enroule autour des arbres, attire également les insectes avec son parfum. Mais ses fleurs sont surtout butinées par les papillons de nuit. C'est pourquoi elles sentent beaucoup plus le soir et la nuit que le jour.

La magie des couleurs

Les plantes absorbent l'eau. Tu peux le vérifier avec l'expérience suivante : recherche une fleur blanche, un œillet blanc par exemple, et coupe la tige en deux avec un couteau.

Mets deux tubes dans un pot de terre. Dans un tube, verse de l'encre rouge et, dans l'autre, de l'encre bleue. Mets-y ta fleur.

L'encre traverse les tubes pour atteindre la tige de la fleur, ce qui lui donne ces deux couleurs.

Découvrir les couleurs

Les feuilles des fleurs contiennent différents pigments ou colorants. Pour les découvrir, respecte ces consignes :

1. Avec les feuilles des fleurs et un peu d'alcool, réalise un cataplasme.

2. Pends une bande de papier buvard au-dessus du cataplasme. L'extrémité du buvard doit toucher le cataplasme. Les pigments vont apparaître sous forme de bandes colorées.

Encre rouge

À partir des feuilles de coquelicot, tu peux produire de l'encre rouge. Plonge-les dans de l'eau chaude mélangée à de l'alcool et tu obtiens de l'encre rouge.

Peinture végétale

Auparavant, les plantes ou les parties des plantes étaient souvent utilisées pour teindre la laine ou le coton. La recette est simple : une grande quantité de plantes, une heure de cuisson à feu doux dans l'eau, ajouter la laine ou le tissu humecté, cuire encore une demi-heure, laisser refroidir, bien essorer et laisser sécher.

Attention : Essaie d'abord sur un morceau de tissu sans valeur !

Colorants naturels

tournesol : jaune clair
gratte-cul : brun clair
lupin bleu : vert clair
écorce de chêne : brun foncé
brou de noix : brun foncé
pelure d'oignon : jaune

Un jeu fleuri

Le vainqueur est celui qui, le premier, trouve sept fleurs aux couleurs de l'arc-en-ciel : violet, indigo, bleu, vert, jaune, orange et rouge.

Fruits et graines

Lorsque les fleurs sont écloses, les fruits apparaissent avec les graines.

Attention !
Ne mange jamais de fruits (comme les baies) si tu n'es pas tout à fait sûr qu'ils sont comestibles. Certains sont mortels !

Rassembler les graines

Ramasse des graines sauvages pour les semer dans ton jardin. Attention : les graines de la plupart des plantes indigènes doivent d'abord sécher et geler avant de pouvoir germer le printemps suivant. Conserve-les donc à l'extérieur. Tu peux les mettre dans des petits pots que tu enterreras dans ton jardin. Utilise un pot pour chaque type de graines, avec une étiquette indiquant le nom des graines.

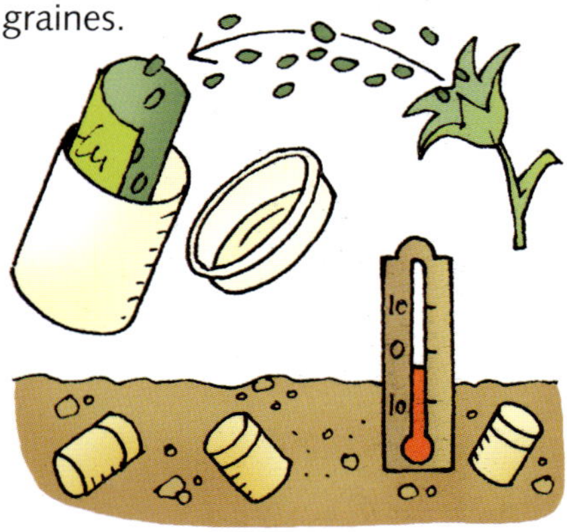

Dispersion des graines

Les plantes ont imaginé différentes méthodes pour répandre leurs graines. Emballées dans une baie, elles traversent l'estomac d'un oiseau et ressortent dans une fiente.

Pourvues d'un mini-parachute, elles sont portées par le vent.

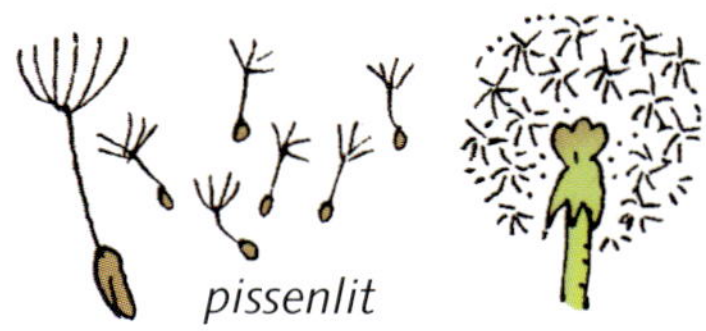

Les gousses s'ouvrent brusquement et les graines sont expulsées.

En automne, l'écureuil enfouit des graines dans le sol et s'il ne les retrouve pas en hiver pour les manger, elles germeront au printemps.

Bardane et gratteron

Les fruits de la bardane et du gratteron sont pourvus de crochets. Ils restent ainsi facilement attachés dans la toison d'un animal.

bardane et gratteron

La bardane et le gratteron s'accrochent aussi à tes vêtements. Que penses-tu d'une bataille de bardanes ? Ou d'un tee-shirt « J'AIME LA NATURE » inscrit avec les fruits du gratteron ?

Semelles semeuses

En marchant, tu contribues aussi à la propagation des graines. La preuve ? Elles sont sous tes semelles !

1. Place un bac en métal avec de la terre dans un four chaud. La terre est désormais stérile.
2. Après une promenade, gratte la boue de tes chaussures au-dessus de la terre. Arrose, recouvre le bac avec une vitre ou du plastique et place-le dans une pièce éclairée et chaude.

3. Après quelques semaines, tu verras apparaître les plantes.

Une pomme de terre sous plastique

Si tu enfouis un tubercule de pomme de terre dans le sol, des tiges et des racines pousseront. Ainsi que de nouvelles pommes de terre. Tu peux le voir si tu poses des pommes de terre sur le sol et que tu les recouvres de plastique noir.

trou pour la tige

regarde de temps à autre

Champignons

Les champignons ne sont pas des plantes.
Ils ne fabriquent pas leur nourriture !

Drôles de « fleurs »

Les champignons vivent sous terre. Ils se composent de filaments blancs qui prennent leur nourriture sur les plantes et les animaux vivants ou morts. Au moment de la reproduction des champignons, on voit apparaître les carpophores à la surface. C'est là que se forment les spores qui servent à la reproduction.

agaricacée

gastéromycète

vesse-de-loup

Une empreinte de spores

Chez les agaricacées comme les amanites tue-mouches, les spores se trouvent entre les lamelles, sous le chapeau. Tu peux en faire une empreinte.

1. Coupe le chapeau et pose-le sur une feuille de papier. Couvre le chapeau avec un verre et laisse-le pendant quelques jours dans un endroit sec.
2. Enlève soigneusement le chapeau. En effet, les spores sont incroyablement légères !

3. Si tu souhaites conserver l'empreinte des spores, protège-la avec une feuille en plastique.

Traces de dents

Parfois, certains champignons ne sont pas entiers. C'est peut-être l'œuvre des souris, mais aussi des escargots.

Cultiver des champignons

L'air foisonne de spores de champignons. Tu ne les vois pas parce qu'elles sont infiniment petites, mais il est toutefois possible de les faire apparaître. Pose une tartine sur quelques feuilles de papier essuie-tout. Après quelques jours, le pain commence à moisir. Les spores s'y sont posées. De plus en plus de mycélium apparaît. Il recouvre rapidement la tartine et la dévore. À la fin, il ne reste plus rien ! Les bois constituent le terrain favori des champignons. Ces derniers contribuent à la disparition des plantes et des animaux morts. Sans eux, notre « montagne de déchets » serait bien plus haute !

Sécher les champignons

Tu peux les sécher dans un bain de sable.

1. Dans un bac en métal, pose une couche de sable fin très sec. Dépose ensuite les champignons et recouvre-les de 2 cm de sable.

2. Place le bac dans un four chaud et attends que les champignons soient secs. La durée du processus de séchage et la température du four varient d'une espèce à l'autre.
3. Les champignons séchés sont très fragiles. Utilise un fin pinceau pour brosser le sable et soulève les champignons avec ce même pinceau.

Attention ! Certains champignons sont vénéneux. N'y goûte jamais et lave-toi les mains après les avoir touchés.

La cuisine naturelle

Certaines plantes sont comestibles. Cueille-les dans un endroit épargné par les désherbants.

Soupe aux pâquerettes

Lave les pâquerettes, coupe les queues et laisse flotter les fleurs dans la soupe.

Mouron des oiseaux à l'étuvée

Ce plat se prépare comme les épinards. Lave-le bien, laisse-le égoutter dans une passoire, coupe-le en petits morceaux et fais cuire dix minutes avec un peu de beurre et de sel. Un régal !

Orties saines

Cueille des orties au printemps, rassemble les têtes avec les feuilles tendres.
Elles sont riches en minéraux et en vitamines. Ramasse-les avec des gants. Sois rassuré : elles ne piqueront plus après la cuisson !

Potage aux orties

Nettoie trente têtes d'orties, vingt feuilles de pissenlit, une tête de mouron des oiseaux et une poignée de pâquerettes (les feuilles dans la soupe et les fleurs pour décorer). Laisse cuire les « légumes » dans 1 l d'eau, avec un cube de bouillon, 20 minutes. Mixe la soupe et sers-la avec des pâquerettes.

Sorbet aux mûres

Cueille un kilo de mûres, nettoie-les soigneusement et retire les vertes. Mélange les mûres avec une tasse d'eau et une demi-tasse de sucre dans une casserole. Cuis-les à feu doux et écrase-les. Verse la compote de mûres dans des moules et laisse-la reposer quelques heures au congélateur.

Yaourt aux baies sauvages

Les mûres, les fraises, les framboises des bois, les myrtilles… font de délicieux yaourts. Compte une cuillère de baies pour un verre de yaourt.

Glaçons multicolores

Les glaçons pour boissons estivales seront plus originaux si tu les égaies avec des fleurs (violettes, pâquerettes…) ou des baies.

Mets une fleur ou quelques baies dans chaque compartiment de ton moule à glaçons. Remplis le moule d'eau et mets-le quelques heures au congélateur.

Crêpes aux fleurs de sureau

Le sureau fleurit en juin. Cueille quelques jolies ombelles, lave-les et laisse-les sécher sur un torchon. Verse-les ensuite dans la pâte à crêpes et cuis le tout dans une poêle. Tes crêpes ont ainsi une poignée, que tu ne dois pas manger bien sûr.

Guide des plantes comestibles

pissenlit
Seulement les feuilles, surtout les jeunes. Pour les salades.

mouron des oiseaux
Tout se mange, cru, en salade, à l'étuvée.

pâquerette
Les fleurs et les feuilles, en salade ou pour le potage.

violette
Utiliser les feuilles comme décoration, pour les salades.

plantain
Les jeunes feuilles, en salade ou dans une soupe.

ortie
La partie supérieure de la plante au printemps. Dans le potage.

sureau
L'ombelle dans des crêpes, cuire les baies avant de les manger.

argousier
Baies très sures, très riches en vitamine C.

mûre
Les baies sont des friandises, crues ou en confiture.

fraise des bois
Comme les fraises de culture, mais beaucoup plus petites.

myrtille
Baies délicieuses, mais attention aux taches.

framboise des bois
Baies délicieuses, mais parfois avec des petites bêtes.

La main à la pâte

Une tenue d'explorateur

Vêtu d'une tenue d'explorateur, tu auras l'air d'un véritable professionnel.

Tu trouveras peut-être dans ton grenier une vieille veste de ton père ou de ton grand-père. Elle peut constituer la base d'une tenue d'explorateur pratique. Tu n'auras plus ensuite qu'à y coudre des poches et des ganses de différentes tailles.

Poches

Cherche une matière solide qui ne s'effiloche pas. Découpe une pièce sur mesure et couds-la avec du fil solide sur la veste.

pour des objets plats

pour des objets épais

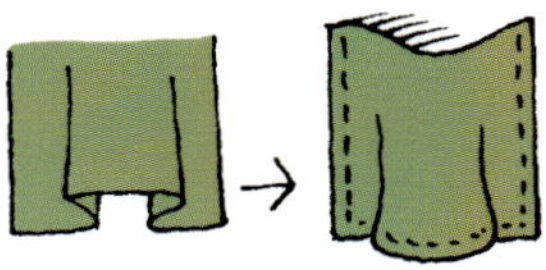

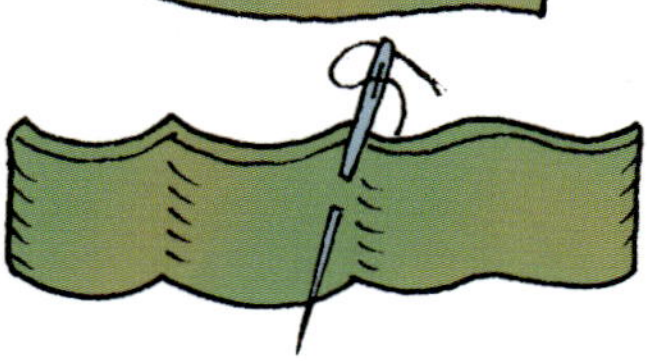

Ganses

Tu peux les faire à partir de tissu ordinaire ou élastique (ce qui est le plus pratique).

Un moulage de traces

Immortalise les traces des animaux avec du plâtre.

Le nécessaire :
- une bouteille en plastique ;
- du plâtre ;
- de l'eau.

1. Découpe une bande dans la bouteille. Fais deux languettes aux extrémités.

2. Enlève la terre ou les feuilles sur l'empreinte et entoure la trace avec le manchon.

3. Mélange deux doses de plâtre avec une dose d'eau. Comme le plâtre durcit vite, tu dois le préparer juste avant de l'utiliser. Verse le plâtre dans le manchon et lisse la surface supérieure.

4. Quand le plâtre est dur, tu peux l'enlever. Laisse le tout sécher un jour et retire le manchon. Tu obtiens un **négatif**.

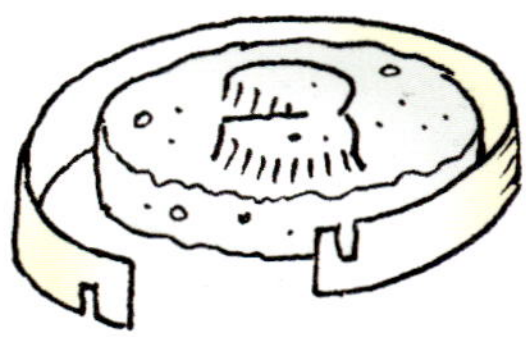

5. Veux-tu aussi réaliser un **positif** ? Enduis la surface du négatif avec de la cire ou de la vaseline, entoure le négatif d'un manchon haut et verse le plâtre.

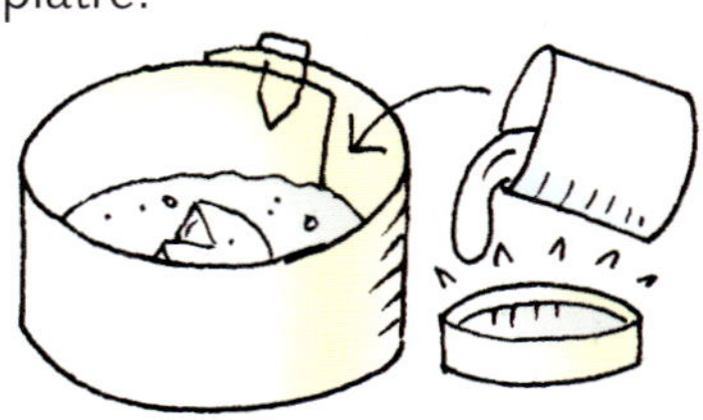

6. Lorsque le plâtre est sec, tu peux séparer les deux moulages. Tu obtiens alors un négatif et un positif.

Nichoirs

Construis tes nichoirs à la fin de l'hiver pour qu'ils soient habitables au printemps.

Pour le rouge-gorge : la bouilloire de mamie

Place la bouilloire au creux d'une haie, à l'abri des regards.

Pour le moineau : une maison-tunnel

Faite de trois planches que tu places sous une gouttière.

Pour l'hirondelle de cheminée : une tablette en bois

Attache-la dans une grange ou un grenier à proximité d'une trappe ouverte, à 10 cm sous le toit.

Pour les chouettes chevêches : une cheminée

Attache la cheminée (d'un diamètre de 7 cm) à une branche élevée d'un arbre. Protège la cheminée de la pluie avec une bande de plastique.

Pour tous les petits oiseaux : une maison en bois

Pour construire ce nichoir classique que nous appelons aussi nichoir pour mésanges, tu as besoin d'une planche d'environ 2 cm d'épaisseur, de 121 x 15 cm.

1. Scie la planche comme l'illustre la photo. Fais bien attention aux mesures !
2. Assemble les pièces. Utilise pour ce faire de la colle à bois et des clous.
3. Visse la charnière. Si tu n'as pas de charnière, tu peux en réaliser une toi-même avec une bande de caoutchouc.

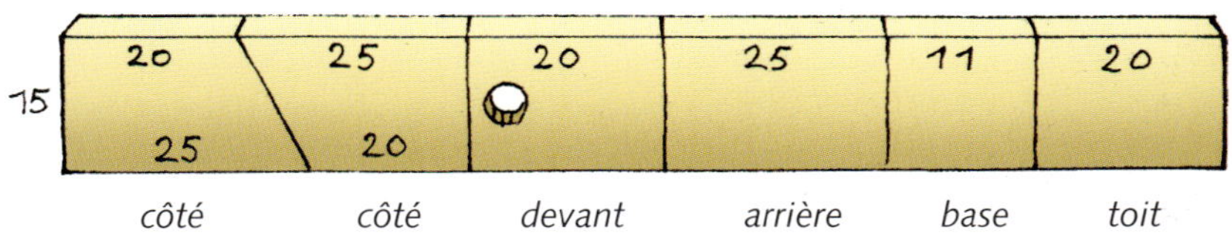

L'entrée

Le diamètre de l'entrée du nichoir déterminera l'espèce qui y établira son nid.

Mésange noire : 23-26 mm
Mésange nonnette : 24-27 mm
Mésange charbonnière : 29-30 mm
Moineau des bois : 29 mm
Moineau : 32 mm
Sansonnet : 44 mm

Au menu des oiseaux

Les oiseaux sont parfaitement capables de trouver leur nourriture seuls. Sauf au cours des hivers particulièrement rudes.

Insectivores

En hiver, les insectes sont très rares. C'est pourquoi de nombreux oiseaux quittent nos régions en automne pour se rendre dans le Sud. Ils ne reviennent qu'au printemps. Le rouge-gorge est insectivore. Mais il ne voyage pas. En hiver, il se nourrit de graines.

Granivores et frugivores

De nombreux oiseaux passent l'hiver chez nous. La plupart mangent des graines et des fruits. Mais ce n'est pas facile d'en trouver sous une épaisse couche de neige. Affamés, de nombreux oiseaux vainquent souvent leur méfiance et viennent dans les jardins particuliers pour chercher de la nourriture. À toi de les satisfaire !

Restaurant de coco

Ce restaurant sera assidûment fréquenté par les granivores !

1. Attache une corde à une demi-noix de coco.

2. Place un peu de graisse dans une poêle et fais-la fondre à feu doux. Verse toutes sortes de graines.

3. Verse le mélange dans la noix de coco et laisse le tout se solidifier.

4. Suspends la noix de coco à une branche.

Pomme sur un bâton

Enfonce quelques clous dans un long bâton (un manche à balai, par exemple) et enfonce ensuite ce dernier dans le sol.
Accroches-y ensuite des morceaux de fruits.

Cacahouètes

Les cacahouètes sont riches en graisse et en huile. Place des cacahouètes (non salées) dans un filet en plastique ou enfile-les le long d'un fil en Nylon. Pends le filet ou le cordon à une branche ou à la mangeoire. Les mésanges adorent les cacahouètes !

Maison à graines

Dans une brique de lait, découpe une fenêtre à partir des deux larges côtés, en aménageant une petite marche.

Pends la boîte et verse de la nourriture dans le fond : maïs concassé, blé, graines de tournesol, graines spéciales…

Attention au chat !

De nombreuses personnes jettent de la nourriture aux oiseaux sur le sol. Ce n'est pas grave, à condition qu'il n'y ait pas de chat dans les environs.

Une mangeoire

Indispensable pour étudier les oiseaux l'hiver dans nos régions…

Le nécessaire :

- une planche d'environ 30 x 40 cm et une planche d'environ 20 x 20 cm ;
- quatre lattes en bois ;
- un piquet d'environ 2 m de long ;
- des clous (ou des vis) et un marteau ;
- de la peinture.

Attention

Pour éviter que le bois pourrisse, peins-le chaque année.

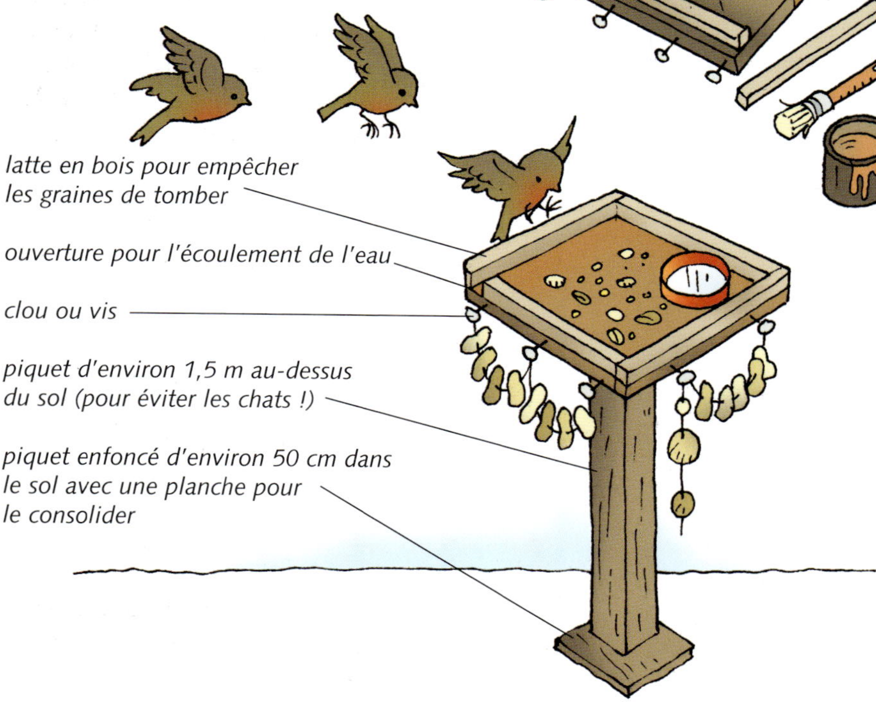

Un bar pour oiseaux

Les oiseaux doivent aussi boire.
Et si tu réalisais un bar pour oiseaux ?

Le nécessaire :

- une bouteille en plastique ;
- un petit bol ;
- un piquet carré d'environ 2 m de long ;
- une planche (au moins 10 cm plus grande et 4 cm plus large que la bouteille) ;
- une planchette (au moins aussi grande que le petit bol) ;
- des élastiques solides ;
- des clous.

1. Enfonce le piquet dans le sol.

2. Enfonce quatre clous dans les côtés de la planche de la bouteille.

3. Attache la planche de la bouteille et la planche pour le bol au piquet.

4. Place le bol rempli d'eau sur la planche. Remplis la bouteille d'eau et ferme le bouchon avec ta main. Retourne la bouteille et attache-la à la planche avec des élastiques.

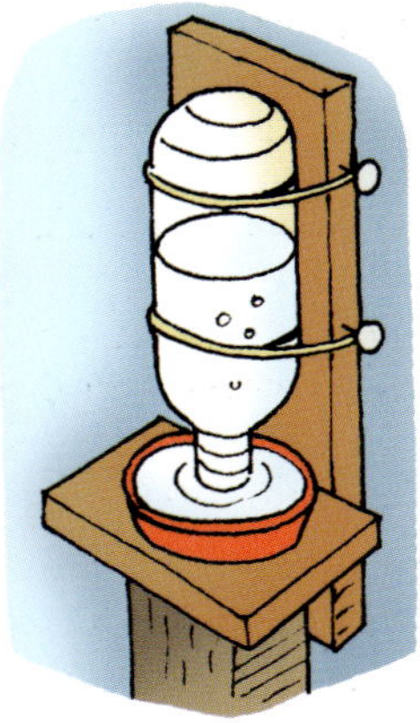

L'ouverture de la bouteille doit se trouver dans le petit bol, mais ne doit pas reposer sur le fond.

Loupes à faire chez soi

Pour l'étude des petits animaux, tu peux réaliser toi-même des loupes.

Une loupe instantanée

Les rayons lumineux se brisent lorsqu'ils traversent l'eau. Profite de cette propriété pour agrandir les choses.

1. Pose l'objet que tu souhaites agrandir dans un verre. Il doit se situer parfaitement au milieu.
2. Avec un élastique, pose une feuille de plastique au-dessus du verre. Appuie un peu sur le plastique et laisse tomber quelques gouttes d'eau dans le petit trou.
3. Regarde à travers l'eau dans le verre.

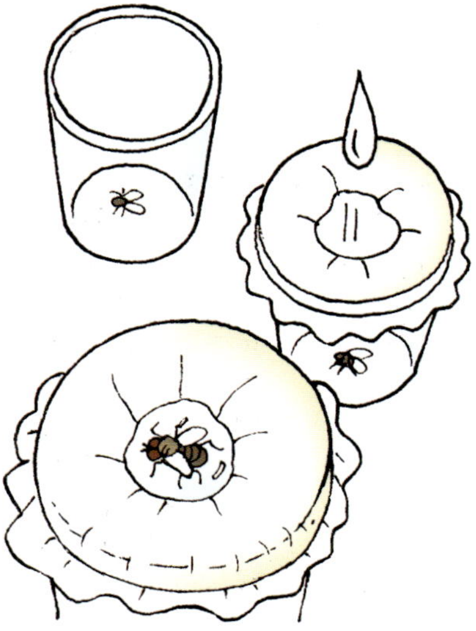

Une loupe plus instantanée

Remplis un petit pot en verre avec de l'eau et ferme-le. Regarde à travers le verre.

Une loupe sous l'eau

Place un pot en verre dans l'eau avec l'ouverture vers le haut. Regarde dans le pot et tu verras que les objets ont l'air beaucoup plus grands qu'en réalité.

Des lunettes grossissantes

Si tu trouves des vieilles lunettes, remplace les verres par des loupes. Très pratique pour garder les mains libres !

Un bocal à lombrics

Pour voir de tes propres yeux comment les lombrics travaillent la terre pour nous...

1. Prends un bocal et verse des couches alternées de terre et de sable blanc, le tout recouvert d'une couche de feuilles mortes.

2. Attrape des lombrics et pose-les sur la couche de feuilles.

3. Recouvre les côtés du bocal avec du papier foncé.

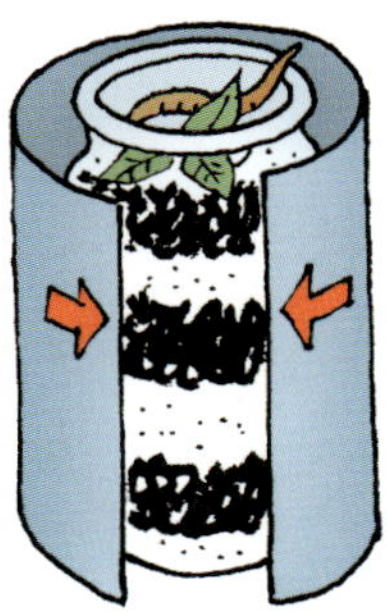

4. Plusieurs fois par semaine, enlève le papier pour observer. La terre, le sable et les feuilles se mélangent progressivement.

Laboureurs au travail
Les lombrics labourent la terre. Ce faisant, ils améliorent la qualité du sol. Ils avalent la terre et digèrent les substances nutritives qu'elle contient. Le reste de la terre est expulsé. La matière expulsée enrichit le sol. Grâce aux galeries qu'ils creusent, le sol reçoit également davantage d'oxygène.

Un hôtel pour insectes

Si tu trouves un hôtel pour insectes, tu pourras observer calmement les insectes.

Construis un mini-hôtel

L'observation des insectes est plus aisée dans un espace restreint. Toutefois, cet espace doit correspondre à un véritable biotope. Ce simple hôtel pour insectes est conçu pour les insectes vivant sur des feuilles, comme les chenilles et les larves des tenthrèdes.

1. Prends une grande bouteille en plastique et coupe le bouchon et le fond.

2. Remplis un pot de fleurs avec de la terre et mets-y une petite bouteille remplie d'eau. Recouvre la terre et le bord de la bouteille avec de la mousse.

3. Mets la plante sur laquelle vit l'insecte dans la bouteille.

4. Pose la bouteille de plastique sur la plante et recouvre l'ouverture avec un voile.

Sois un bon maître de maison et donne chaque jour une plante fraîche à l'insecte.

Une mini-fourmilière

Les fourmis sont toujours en activité. Pour pouvoir suivre de près leurs activités, rassemble les fourmis dans un hôtel.

1. Remplis la moitié d'un grand bocal avec de la terre du jardin. Place un tuyau rempli d'eau dans la terre ainsi qu'une branche avec des pucerons. Pose quelques morceaux de fruits et un carré de sucre sur le sol.

La reine des fourmis
Les fourmis vivent en grandes colonies et ont une reine à leur tête. La reine est la seule fourmi qui pond des œufs. Pour obtenir un véritable nid à fourmis, tu devras également y loger une reine. Elle est deux fois plus grande que les autres.

4. Les fourmis raffolent du miellat. Il s'agit d'un jus sucré extrait par les pucerons. Une fourmi qui souhaite boire « traira » un puceron en le massant avec ses antennes.

2. Recherche un nid de fourmis dans le jardin et ramène quelques fourmis à l'hôtel. En recouvrant l'hôtel d'un voile, tu les empêcheras de partir.

3. Assombris le dessous avec du papier. Tu pourras de temps à autre les observer.

Une mare artificielle

Pour l'observation de nombreux animaux aquatiques…

Le nécessaire :
- un aquarium en verre ou en plastique
- sable, gravier et galets
- des plantes aquatiques
- un journal
- de l'eau du robinet ou de l'eau d'un fossé filtrée

1. Sur le fond de l'aquarium, pose une couche de sable, quelques graviers et galets.
2. Dispose quelques plantes aquatiques entre les galets.
3. Remplis l'aquarium d'eau et place-le dans une pièce éclairée, mais pas au soleil.
4. Mets-y ensuite les animaux et… bonne observation !

Un mur naturel

Es-tu un collectionneur-né ?
Si oui, un mur naturel saura te combler.

Le nécessaire :
- une grande planche perforée et plate (que tu trouveras dans un magasin de bricolage)
- des crochets
- du ruban

Fixe un bout de ruban en zigzag sur une partie de la planche.

Le ruban doit être bien tendu pour pouvoir y attacher toutes tes trouvailles : plumes, herbes, morceaux d'écorce…

Un mur naturel de ce genre peut constituer une décoration permanente. Il peut également représenter le joyau d'une exposition unique chez toi ou à l'école.

Index